UNIVERSITÉ DE FRANCE.

ACADÉMIE DE STRASBOURG.

ACTE PUBLIC
POUR LA LICENCE,

PRÉSENTÉ

A LA FACULTÉ DE DROIT DE STRASBOURG,

ET SOUTENU PUBLIQUEMENT

LE JEUDI 21 AOUT 1856, A MIDI,

PAR

FRANÇOIS-LOUIS GALLIARD,

DE PARIS (SEINE).

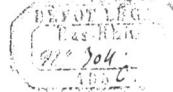

STRASBOURG,

IMPRIMERIE DE G. SILBERMANN, PLACE SAINT-THOMAS, 3.

1856.

A LA MÉMOIRE DE MON PÈRE.

Regrets éternels.

A MA BONNE ET BIEN-AIMÉE MÈRE.

Amour et reconnaissance.

L. GALLIARD.

A MONSIEUR DELCASSO,

RECTEUR DE L'ACADÉMIE DE STRASBOURG.

Hommage de respect et de reconnaissance.

A M. LE DOYEN ET A MM. LES PROFESSEURS

DE LA FACULTÉ DE DROIT DE STRASBOURG.

Leur élève reconnaissant.

L. GALLIARD.

FACULTÉ DE DROIT DE STRASBOURG.

NOMS DES PROFESSEURS.	MATIÈRES ENSEIGNÉES.
MM. AUBRY ✻, Doyen.	Droit civil français.
HEPP ✻	Droit des gens.
HEIMBURGER	Droit romain.
THIERIET ✻	Droit commercial.
SCHÜTZENBERGER ✻.	Droit administratif.
RAU ✻.	Droit civil français.
ESCHBACH	Droit civil français.
LAMACHE ✻.	Droit romain.
DESTRAIS.	Procédure civile et législation crimin.

M. BLŒCHEL ✻, professeur honoraire.

MM. MICHAUX-BELLAIRE, }
BEUDANT, } professeurs suppléants provisoires.

M. BÉCOURT, officier de l'Université, secrétaire, agent comptable.

Président de la thèse, ESCHBACH.

Examinateurs : MM. { LAMACHE.
DESTRAIS.
BEUDANT.

La Faculté n'entend ni approuver ni désapprouver les opinions particulières au candidat.

JUS ROMANUM.

De pignoris contractu.

PROŒMIUM.

Primis temporibus pignus à Romanis non cognoscebatur.

Secudum legem duodecim Tabularum, qui obligationem suam non exsolverat addictus erat creditori ejusque servus fiebat, et tradunt historici jus vitæ ac necis in debitorem creditori competivisse.

Brevi necesse visum est rebus debitoris obligationem caveri.

Debitor, quo faciliùs pecuniam inveniret, aliquam rem creditori transferebat per mancipationem vel per cessionem in jure, adjectâ tantum fiduciæ lege, ad id, ut soluto debito, debitori eamdem rem manciparet creditor.

Hæc est origo pignoris Romanorum quod jurisconsulti *fiduciam* vocaverunt. Sed hæc institutio parum idonea ad debitoribus favendum erat : debitores enim ægre res suas relinquebant quarum restitutio tantum bonæ fidei creditoris committebatur.

Hanc igitur institutionem correxerunt Romani et moribus introductum est pignus, juris gentium contractus, quo debitor rei dominus manendo pecuniam faciliùs inveniebat. At etiam in pignore multa exstiterant incommoda : creditori enim tantum possessio concedebatur et si hanc possessionem amittebat, evanescebat pignus cum possessione.

1

Prætor creditoribus subvenit et primùm locatori prædii rustici actionem servianam concessit quâ res sibi a conductore manifestè pignoratas vindicare posset.

Paulo post extensa est hæc actio, concessa est unicuique creditori ad omnes res sibi pignoratas vindicandum et vocata est quasi serviana. Ità creditori duo jura competebant : alterum præsens, alterum futurum. Jus præsens erat pignoris retentio. Jus futurum quo uti poterat creditor si reus ei non satisfaceret, erat jus vendendi seu distrahendi pignus.

Tamen hæc jura conventionibus vel pactis singulariter extendi poterant. Sic stipulari poterat creditor etiam jus fructus percipiendi in vicem usurarum. Hoc est pactum ἀντίχρησεως.

Sæpe etiam conveniebant ut, si debitor debitum non exsolveret, creditor ipso jure, dominus rei fieri posset.

Hæc lex quam jurisconsulti vocaverant *Commissoriama* Constantino abolita est.

Paulo post edixit prætor ut nudo pacto, nullàque rei traditione factâ, idem creditori jus quam pignoris constitutione contingeret.

Hoc pactum hypothecæ sanxit prætor actione quasi servianâ.

Perspicuum est quæ sit hujus pacti utilitas et quum una res facilè pluribus creditoribus obligari posset introducta est regula : *Prior tempore potior jure*.

In hac dissertatione pignus pro jure in re non accipitur, sed pro contractu quo illud jus constituitur; ideò videre volumus ultro citroque obligationes quas inter reum et creditorem hic contractus parit.

CAPUT PRIMUM.

PIGNORIS CONTRACTUS DEFINITIO.

Pignus est contractus perfectus re, bilateralis, bonæ fidei , quo creditori res ità traditur in securitatem crediti ut, soluto debito, eadem in specie reddatur[1].

[1] Heineccius, *Elementa juris civilis*, § 819.

Ex eo axiomate quod pignus re tantum perficitur, multa deducenda sunt: Si res non traditur creditori, nondùm contractus est, sed tantùm nudum pactum quod nullam actionem civilem producit[1]. Sed prætor utilem creditori dedit actionem quasi servianam, et hoc ipso inter se differunt pignus et hypotheca. Proprie pignus dicimus quod ad creditorem transit, hypothecam, cum non transit, nec possessio, ad creditorem[2].

Bilateralis est, scilicet ultro citroque obligationes producit: Creditor a principio obligatur, debitor quoque obligatur, sed tantùm ex post facto. Igitur ex illo contractu duæ actiones nascuntur, altera directa competens debitori, altera contraria competens creditori.

Bonæ fidei est: Hoc significat dolum qui causam contrahendi dedit, nullam reddere obligationem.

CAPUT II.

QUI PIGNORI DARE POSSUNT.

Ut valeat pignus, debitor naturâ esse debet idoneus ad sese obligandum: ità furiosi qui nullum intellectum habent non oppignorare possunt[3]; pupillis, seu infantes, seu infantiæ proximi sint, pignus contrahere non licet[4].

His tantùm exceptis, omnes qui liberi sunt pignus contrahere possunt, dummodo *rei pignoratæ domini sint*[5] *: et bonorum suorum liberam administrationem habeant*[6].

Tamen prima propositio quasdam exceptiones recipit: Debitor rem alienam obligare potest, si domini consensus vel ratihabitio accedat[7].

[1] Vinnius, *Institut.*, *De contractu pignoris.*
[2] *Institut.*, § 7, *De actionibus.* Ulp., L. 9, § 2, *Dig.*, *De pigneralitiâ actione.*
[3] Gaius, *Comment.*, III, § 106. Gaius, *Fr.* 1, § 12, *De obligationibus et actionibus.*
[4] *Cod. Theod.*, *Const.* 8, *De mater. bon.*
[5] Paul., *Fr.* 16, § 1, *De pignerat. actione.*
[6] Marc., *Fr.* 1, *Princip.*, *Quæ res pignori.* Honor. et Theod., *Fr.* 8, *Cod.*, *Si aliena res.*
[7] Paul., *Fr.* 20, *De pignerat. actione.*

Sub conditione: *si intrà certum tempus debitoris facta fuerit*, res aliena utiliter obligari potest, sed, deficiente conditione, pignus evanescet.

Imò res aliena sine consensu vel ratihabitione, nec sub conditione oppignoratâ, utilem dat creditori pigneratitiam si dominus hæres exstiterit debitoris[1].

Hanc utilem actionem denegat Paulus creditori, sed concedit eamdem actionem creditori quum debitor domini hæres exstiterit[2].

Debitor rei liberam administrationem habere debet: Sic pupillus pubertatis proximus sine auctoritate tutoris sua bona obligare non potest[3], nec prodigus sine consensu curatoris, nec mulier quæ pro alio pignus confert, ut prohibet senatusconsultum Velleianum.

CAPUT III.

QUÆ RES OPPIGNORARE POSSUNT.

Omnia quæ securum præstant creditorem pignori dari possunt[4].

Sic res corporales et res incorporales veluti ususfructus[5], nomen[6].

Res immobiles et res mobiles[7].

Res propriæ et res alienæ, dummodò domini consensus vel ratihabitio accedat[8].

Ex eodem axiomate quod posuimus deducendum est: non oppignorari posse res quorum commercium non est[9], veluti liberos homines[10].

[1] Modestin., *Fr.* 22, *De pignoribus et hypothecis.*
[2] Paul., *Fr.* 41, *Dig.*, *De pignerat. actione.*
[3] Marcian, *Fr.* 1, *Princip.*, *Quæ res pignori.*
[4] Heineccius, *Elem. jur. civil.*, § 820.
[5] Marc., *Fr.* 11, § 2, *Dig.*, *De pignoribus.*
[6] Alexander, *Const.* 4, *Cod.*, *Quæ res pignori obligari possunt.*
[7] Gaius, *Fr.* 238, § 2, *Dig.*, *De verborum signif.*
[8] Paul., *Fr.* 20, *Princip.*, *Dig.*, *De pignerat. actione.*
[9] Marcian, *Fr.* 1, § 2, *Dig.*, *Quæ res pignori.*
[10] Dioclet. et Maxim., *Const.* 6, *Cod.*, *Quæ res pignori.*

Imò relegatur is qui sciens filium familias a patre accepit[1].

Res litigiosas[2] et incertas veluti spes athletarum[3] non pignorari posse, nulla dubitatio est.

Tandem quædam constitutiones in favorem agricolarum, res quæ ad culturam agrorum pertinent pignori dare prohibent[4].

CAPUT IV.

DE OBLIGATIONIBUS CREDITORIS VEL DE ACTIONE PIGNORATITIA DIRECTA.

Duæ sunt principales obligationes quibus creditor subjicitur, scilicet pignoris restitutio et pignoris custodia.

Videamus nunc has duas obligationes : Primo creditor de restituendâ re tenetur cum sibi satisfactum sit[5].

Ad hanc rem obtinendam, debitor habet in creditorem actionem pigneratitiam directam; itaque de hac actione in hoc capite loqui volumus.

1° Primùm quando et in quibus casibus competat hæc actio debitori consideremus :

Ut nascatur pigneratitia actio, omnis pecunia et usuræ exsolutæ esse debent[6].

Etiam pigneratitia locum habet si pactum ἀντίχρησεως, id est mutuus pignoris usus pro credito adjectum sit[7] et fructuum imputationes quos percepit vel percipere debuit creditor in rationem exonerandi debiti, totam obligationem exstinguerint[8]; vel, si pignore subrepto ab

[1] Paul., *Fr.* 5, *Dig.*, *Quæ res pignori.*

[2] Marcian, *Fr.* 1, § 2, *Dig.*, *Quæ res pignori.*

[3] Alex., *Const.* 5, *Cod.*, *Quæ res pignori.*

[4] Constantin, *Const.* 7. Honorius et Théodose, *Const.* 8, *Cod.*, *Quæ res pignori.*

[5] *Inst.*, III, 14, § 4. L. 9, § 3, *Dig.*, *De pigneratitia actione.*

[6] Ulp., *Fr.* 9, § 3, *De pignerat. actione.*

[7] Marcian, *Fr.* 11, § 1, *De pignoribus hypothecis.*

[8] Sever. et Antonin., *Fr.* 3, *Cod.*, *De pigneratitia actione.*

alio quam debitore, furti egerit creditor et si omne quod ex hac furti actione percepit, ad debitum extinguendum suffecerit[1].

Attamen, soluto licet debito, debitor frustra pigneratiæ aget, si novum contraxerit debitum cum eodem creditore.

In quo casu, imperator Gordianus creditori concedit exceptionem doli mali quâ actionem debitoris repellere et pignus jure retentionis denegare possit[2].

2° Videamus nunc quæ sit finis et propositum actionis pigneratitiæ : Præcipue, ad restitutionem rei pignoratæ locum habet hæc actio[3].

Sed quum diversæ accessoriæ obligationes incumbunt creditori, in his casibus etiam pigneratitia agi potest :

Sic jure cogitur creditor judicio quod de pignore dato proponitur, ut superfluum pretii quod ex venditione pignoris percepit, restituat cum usuris si pretio usus fuerit aut moram fecerit[4].

Agi potest cum creditore ut, si quas actiones habeat, eas cedat debitori veluti si creditor hoc pacto vendidit ut, reddita pecunia, intra certum tempus, liceret rem redimere.

Fructus seu naturales, seu civiles reddere debet creditor[5] nisi convenerit pactum $αντίχρησεως$ quo casu fructus tantum qui debitum excedunt redduntur.

Quod per servum acquisitum fuerit creditori, debitori restitui debet[6]. Denique cum pignus reddit, semper de dolo repromittere debet creditor debitori; et si prædium fuerit pigneratum, de jure ejus repromittendum est, ne forte servitutes, cessante uti creditore, amissæ sint[7].

Secunda principalis creditoris obligatio est rei pignoratæ custodia : Justinianus, sententiam Ulpiani secutus, decrevit sufficere quod ad

---

[1] L. 74, Dig. XLIII, 9.
[2] Gordianius, Const. 11, Cod., Etiam ob chirograph.
[3] Instit., III, 14, § 4.
[4] Papinianus, Fr. 42, Dig., De pignerat. actione.
[5] Sever. et Antonin., L. 1. Alexand., Const. 2, Cod., De pignerat. actione.
[6] Paul., 2. Sentent., 13, § 2.
[7] Ulpien, Fr. 15. Dig., De pignerat. actione.

eam rem custodiendam exactam diligentiam adhiberet creditor, quia pignus utriusque gratia datur[1], ideò auctores putant creditorem culpam levem præstaturum.

Ità creditor non tantum dolum et culpam latam quæ dolo æquiparatur præstare debet, sed et culpam levem quæ æstimatur diligentia qua in rebus suis uti solet quilibet paterfamilias frugi, et vocatur ab auctoribus diligentia in abstracto.

Casus autem generaliter nunquam præstatur a creditore, sed fieri potest ut etiam casu teneatur si placuerit nominatim casum quoque præstari vel si culpa ejus casum præcesserit.

CAPUT V.

DE OBLIGATIONIBUS DEBITORIS VEL DE ACTIONE PIGNERATITIA CONTRARIA.

Debitoris qui pignus exsolvit tres sunt obligationes de quibus tenetur: Ad eas persequendum jus retentionis creditori competit. Sed sæpe cum evenit ut nihil habeat creditor quod retinere possit, conceditur etiam illi actio pigneratitia contraria.

Primo, debitor habebit pigneratitiam actionem ad impensas repetendum seu necessarias: veluti si medicis, cum ægrotaret servus, pecuniam dederit creditor, aut si insulam refecerit[2]; seu utiles: veluti si servum pigneratum artificiis instruxerit creditor, dummodò res non gravis sit ad recuperandum[3].

Secundò, damnum præstare debet quod res oppignorata creditori attulit, veluti si servus pigneratus creditori furtum fecerit[4].

Tertio, si debitor rem alienam pignori dederit[5], vel rem alio pigno-

---

[1] *Instit.*, III, 14, § 4.

[2] Pompon., *Fr.* 8, *Dig.*, *De pignerat. actione.* Paul., 2, *Sentent.*, 13, § 7.

[3] Ulpien, *Fr.* 5, *Dig.*, *De pignerat. actione.*

[4] Africanus, *Fr.* 31, *Dig.*, *De pignerat. actione.*

[5] Ulp., *Fr.* 9, *Dig.*, *De pignerat. actione.*

ratam[1], non tantum pignoratitia contraria locum habet, sed etiam crimine stellionatus agi potest[2].

Denique si pignus conduxerit debitor et postea creditor id distraxerit, de possessione restituenda debitor etiam pigneratitià actione tenetur[3].

CAPUT VI.

QUIBUS MODIS PIGNUS SOLVITUR.

Pignus duobus modis solvitur, directè vel indirectè.

Indirectè solvitur, quum debitum cujus in securitatem pignus datum est exsolvitur; sive solutum est debitum, sive eo nomine satisfactum est. Et si tempore finitum est, item dicere debemus, vel si qua ratione obligatio finita est[4].

Novata debiti obligatio pignus perimit, nisi convenit ut pignus repetatur[5].

Si creditor ex fructibus debitum consecutus est, ipso jure pignus ab obligatione liberatur[6].

Si a judice, quamvis per injuriam absolutus est debitor[7].

Si, deferente creditore, juravit debitor se dare non oportere, pignus etiam liberatur.

Directè liberatur pignus interitu rei pigneratæ[8], remissione seu manifestâ[9] seu tacitâ[10].

[1] Paul., *Fr.* 16, *Dig.*, § 1, eodem.
[2] Paul., *Fr.* 16, *Dig.*, § 1, edem.
[3] Ulp., *Fr.* 22, *Dig.*, § 3, eodem.
[4] Ulp., *Fr.* 6, *Dig.*, *Quibus modis pignus solvitur.*
[5] Ulp., *Fr.* 11, § 1, *Dig.*, *De pignerat. actione.*
[6] Alex., *C.* 1, *Cod.*, VIII, 28.
[7] Tryphoninus, L. 3, *Dig.*, XX, 6.
[8] Marc., *Fr.* 8, *Dig.*, XX, 6.
[9] Diocl. et Maxim., *C.* 7, *Cod.*, VIII, 26.
[10] Marc., *Fr.* 8, *Dig.*, XX, 6.

DROIT CIVIL.

Du Nantissement.

INTRODUCTION.

Le gage est le plus ancien contrat de garantie. Les lois de Moïse en font mention dans plusieurs passages qui prouvent même que cette institution était arrivée chez les Hébreux à un perfectionnement assez avancé.

Le génie inventif des Grecs créa l'antichrèse et l'hypothèque, qui reçurent depuis de si grands développements.

Quant à la législation romaine, elle subit, sous ce rapport, de nombreuses transformations, dues, en grande partie, à l'influence du Droit des gens, qui tendait de jour en jour à tempérer le rigoureux formalisme du Droit quiritaire. Les Romains ne connurent d'abord que la *fiducie*, institution de pur Droit civil, mais les vices nombreux qu'elle présentait ne tardèrent pas à la faire tomber en désuétude. C'est alors qu'apparaît le *pignus*.

Institution du Droit des gens, privée comme telle de toute action civile, le pignus fut peu en usage dans l'origine.

Le Droit prétorien, dont la mission était de faire pénétrer dans toutes les parties de la législation les principes du Droit naturel et du Droit des gens, devait bientôt donner une sanction au pignus. Ce fut l'objet des actions servienne et quasi-servienne.

Les pactes d'antichrèse et d'hypothèque que les Romains avaient

2

empruntés aux Grecs, reçurent dans la législation romaine une extension considérable, mais il s'en fallait de beaucoup qu'ils réunissent tous les avantages qu'on pouvait attendre de ces institutions.

L'absence de publicité, l'existence d'un nombre infini d'hypothèques légales et occultes, formaient obstacle à l'établissement d'un bon système hypothécaire.

L'ancien Droit français présentait, dans la matière du gage et de l'antichrèse, des principes divers qui sont encore peu connus.

Les pays de Droit écrit avaient adopté la législation romaine, modifiée par la jurisprudence des parlements.

Les pays de Droit coutumier avaient les uns adopté les principes du Droit germanique, les autres les principes du Droit romain.

Le gage mobilier présentait peu de variété, il n'en était pas de même du gage immobilier.

On connaissait dans l'ancien Droit un grand nombre d'institutions de crédit qui ont perdu de nos jours une grande partie de leur importance, et ne présentent plus qu'un intérêt purement historique.

Je veux parler du *vif-gage* et surtout de l'*engagement féodal*, si usité pendant les croisades, et qui imprima un si grand mouvement à la propriété foncière au moyen âge.

Quant à l'antichrèse connue sous le nom de *mort-gage* dans la plupart de nos coutumes, et d'*en-gage* dans les coutumes de Bretagne, elle fut sévèrement proscrite par le Droit canonique, comme contraire aux principes prohibitifs du prêt à intérêts.

Le Droit intermédiaire, en autorisant le prêt à intérêts, permit par conséquent l'antichrèse, mais cette institution, quoique maintenue par le Code actuel, a fini par disparaître presque complétement de notre pays en présence des développements que prend tous les jours le système hypothécaire.

La gage, et surtout le gage commercial, n'a commencé réellement à prendre un développement complet qu'au dix-septième siècle, grâce aux ordonnances de Louis XIV et à la jurisprudence des parlements.

DU NANTISSEMENT EN GÉNÉRAL.

Le nantissement, dit l'art. 2071, est un contrat par lequel un débiteur remet une chose à son créancier pour sûreté de la dette.

Cette définition est incomplète; car, aux termes de l'art. 2077, la chose peut être donnée par un tiers pour le débiteur; nous la modifierons donc de la manière suivante: Le nantissement est un contrat par lequel un débiteur ou un tiers remet au créancier un objet mobilier, destiné à lui servir de sûreté [1].

L'art. 2070 nous indique qu'il existe deux espèces de nantissements, le nantissement d'une chose mobilière appelé gage, et le nantissement d'une chose immobilière appelé antichrèse.

PREMIÈRE PARTIE.

CHAPITRE PREMIER.

NOTIONS GÉNÉRALES. DÉFINITION, CONDITIONS ESSENTIELLES A L'EXISTENCE DU CONTRAT DE GAGE.

Avant d'arriver à la définition du contrat de gage, il importe d'examiner quelques notions préliminaires indispensables pour bien se pénétrer du caractère, de la nature et des effets particuliers de ce contrat.

Le gage, comme tout nantissement, est destiné à fournir une sûreté au créancier. Mais quelle est la nature particulière de cette sûreté? L'art. 2073 nous répond que le gage confère au créancier le droit de se faire payer sur la chose par *privilége et préférence* aux autres créanciers.

[1] MM. Aubry et Rau, § 431.

C'est donc un Droit de privilége ou de préférence que la loi accorde au créancier gagiste; or, qu'est-ce qu'un privilége? Aux termes de l'art. 2095, c'est un droit que la qualité de la créance donne à un créancier d'être préféré aux autres créanciers, même hypothécaires.

Quelque inexacte que soit cette définition, combinée avec l'art. 2073, elle nous fait connaître néanmoins l'étendue du droit de gage et ses effets les plus importants.

Le gage, comme tout privilége, constitue une dérogation notable au grand principe de l'égalité des créanciers, principe consigné dans l'art. 2092 du Code Napoléon.

Sans vouloir affirmer que ce privilége existait en Droit romain, il est certain que notre Droit coutumier l'avait admis dans la plupart de ses coutumes[1]. Il a donc un fondement historique incontestable; mais nous croyons de plus, que ce privilége, malgré toutes les attaques dont il a été l'objet, est fondé en raison et en équité. *Jura vigilantibus succurrunt*, telle était la maxime des anciens jurisconsultes de Rome, et cet adage est aussi équitable que juridique. Pourquoi, en effet, l'homme prudent et soigneux de ses affaires ne serait-il pas plus favorisé que celui qui, négligeant ses intérêts, s'est laissé aller à une coupable indifférence?

En résumé, le créancier gagiste n'est point tenu, comme les créanciers purement chirographaires, de venir partager, au marc le franc, l'actif de son débiteur. Grâce à son privilége, il sera payé avant tous autres créanciers, même hypothécaires, et pourra ainsi rentrer dans l'intégralité de sa créance.

Les observations que nous venons de présenter suffisent déjà pour donner la définition du contrat de gage : C'est un contrat par lequel le débiteur ou un tiers remet au créancier un objet mobilier, corporel ou incorporel, dans le but de lui donner le droit de se faire payer sur cet objet par préférence aux autres créanciers[2]. Nous pouvons faire sortir

[1] Coutume de Bourbonnais, art. 68. Coutume de Paris, art. 181.
[2] MM. Aubry et Rau, § 432.

de cette définition tous les éléments essentiels du contrat de gage, c'est-à-dire toutes les conditions dans lesquelles il est logiquement impossible de concevoir l'existence de ce contrat.

Le gage exige :

1° Le consentement des parties contractantes. Le consentement, en effet, d'après l'art. 1108 du Code Napoléon, est une condition essentielle de toutes les conventions.

2° Remise au créancier d'un objet mobilier. Cette condition est absolument indispensable pour qu'il y ait contrat de gage. Ces mots de l'art. 2071 : Le nantissement est un contrat par lequel le débiteur remet une chose......, le prouvent suffisamment. La simple promesse de donner un gage, acceptée par l'autre partie, ne constituerait pas un contrat de gage.

Il en était déjà ainsi en Droit romain, où le gage était considéré comme un contrat réel, ne devenant parfait que par la tradition de la chose. Mais il y a cette différence qu'en Droit romain les parties n'étaient pas liées avant la tradition de la chose, tandis que les principes spiritualistes du Droit français ont admis que du moment où il y a concours de volontés, il existe, indépendamment de la tradition, un contrat innommé sans doute[1], mais dont l'inexécution peut donner lieu à des dommages-intérêts[2].

Nous aurons successivement à examiner par quelles personnes et à quelles personnes le gage peut être livré, et quelles sont les choses qui peuvent former l'objet de cette remise.

Le gage peut être donné non-seulement par le débiteur lui-même, mais encore par un tiers pour le débiteur (2077). L'obligation n'existe alors qu'entre le tiers et le créancier, et le privilége de ce dernier produira à l'égard des autres créanciers de ce tiers les mêmes effets qu'il aurait produits à l'encontre des créanciers du débiteur, si ce dernier avait lui-même fourni le gage.

[1] M. Troplong, *Du nantissement*, § 28.
[2] MM. Aubry et Rau, § 340, n° 3.

Au reste, il importe peu que le gage ait été remis entre les mains du créancier lui-même ou d'un tiers convenu entre les parties. Dans ce dernier cas, le tiers est à considérer comme le mandataire du créancier[1], il ne possède pas pour son propre compte, c'est toujours le créancier qui possède, mais par l'intermédiaire de son mandataire, conformément à la règle : *Mandans et mandatarius una eademque persona censentur.*

La remise ou tradition doit porter sur un objet mobilier[2] (Cod. Nap. art. 2072). C'est, en effet, ce qui distingue en Droit français, le gage de l'antichrèse. Mais ces objets mobiliers ne doivent pas être hors du commerce, car il ne peut exister de gage que sur des objets mobiliers ayant une valeur légale[3], le gage se résolvant en définitive dans une vente au profit du créancier.

C'est ainsi que dans les colonies françaises, avant l'abolition de l'esclavage par l'Assemblée constituante de 1848, il arrivait souvent qu'on donnait des nègres comme gages dans les emprunts commerciaux. On s'est demandé si une somme d'argent pouvait former l'objet d'un gage. Malgré l'opinion de Pothier[4], nous pensons avec M. Troplong[5] qu'une pareille convention ne serait pas contraire à l'essence du contrat de gage, et que dès lors elle devrait être maintenue par les tribunaux. Sans doute, une vente aux enchères ne serait plus possible, mais le créancier conservera toujours le droit de se faire attribuer par le juge la somme engagée, jusqu'à due concurrence.

Les meubles incorporels peuvent également former l'objet d'un gage.

Cependant cette question était vivement controversée dans l'ancien Droit. Pothier lui-même avait adopté la négative, en se fondant sur les

---

[1] M. Troplong, *Du nantissement*, § 373.
[2] *Pignus a pugno.*
[3] M. Troplong, *Du nantissement*, § 51.
[4] Pothier, t. XII, n° 6.
[5] M. Troplong, *Du nantissement*, § 55.

lois romaines, mais ces raisonnements étaient des subtilités. Il est certain que le Droit romain avait admis l'impignoration des meubles incorporels, ainsi que l'on peut s'en convaincre en recourant à la loi 4, *C.*, *Quæ res pignori dari possunt.* Les usages et la pratique du commerce étaient d'ailleurs contraires à ces résistances : on admettait généralement entre commerçants que des créances, actions, et généralement tous meubles incorporels, pouvaient être mis en gage, par le moyen d'un transport à titre de gage, et signifié au débiteur de la créance engagée.

Le Code Napoléon dans son art. 2075 a formellement consacré ces anciens usages, et l'impignoration des meubles incorporels forme aujourd'hui un des éléments les plus puissants du crédit commercial.

A l'occasion de la tradition du gage, s'est élevé la question de savoir si l'existence d'un premier nantissement formait obstacle à une nouvelle mise en gage. L'affirmative ne me semble pas un moment douteuse, en présence de l'art. 2076[1]. Que dit cet article? Que le gage peut être mis entre les mains d'un tiers. Qui empêchera dès lors qu'un tiers détienne la chose pour le compte des deux créanciers en qualité de mandataire de l'un et de l'autre, ou bien que le premier créancier nanti consente à détenir la chose pour le compte d'un second créancier? Il n'y a point d'effet sans cause; or, le motif qui a dicté l'art. 2076, est précisément de fournir au débiteur le moyen de se procurer par le nantissement de sa chose le plus grand crédit possible.

La troisième condition indispensable à l'existence du contrat de gage est l'intention commune des parties d'assurer au créancier un droit de préférence : Toute obligation doit avoir une cause (art. 1131), la cause de l'obligation du créancier gagiste, c'est précisément le droit de privilége. Sans cette commune intention, il pourra y avoir un dépôt, un commodat, un prêt; mais il n'y aura point de nantissement.

Arrivons maintenant à l'interprétation de l'art. 2084. Les dispositions ci-dessus, dit cet article, ne sont applicables ni aux matières de com-

[1] MM. Aubry et Rau, § 432. M. Troplong, n°ˢ 315 à 318.

merce, ni aux maisons de prêt sur gage autorisées, et à l'égard desquelles on suit les lois et règlements qui les concernent.

La deuxième partie de cet article est relative aux Monts-de-Piété, dont le but est de venir au secours des classes nécessiteuses, en leur avançant de l'argent sur nantissement, moyennant un faible intérêt.

Ces établissements publics, placés en dehors du Droit civil, ont été organisés administrativement par la loi du 16 pluviôse an XII, un décret du 24 messidor an XII, un décret du 8 thermidor an XIII, un avis du conseil d'État des 6 juin, 12 juillet 1807, une loi des 8 mars, 12 avril et 24 juin 1851.

La première partie de l'art. 2084 se réfère aux matières de commerce. Faut-il conclure de cette disposition que dans toutes les matières commerciales, les règles établies par le Code Napoléon sont inapplicables ? Si nous recourons aux art. 93 et 95 du Code de commerce, nous serons convaincu du contraire : L'art. 93 dispense des formalités des art. 2074 et 2075 le privilége du commissionnaire de vente qui a fait des avances sur les marchandises à lui expédiées de place en place, et l'art. 95 rend les règles du Droit civil applicables à tous les nantissements donnés sans expédition à un créancier qui habite la même place que son débiteur.

Il résulte donc formellement de ces articles que, hors le cas prévu par l'art. 93, les règles du Droit commun régissent la matière du gage commercial.

Cependant cette interprétation a été critiquée par M. Troplong et par MM. Delamare et Lepoitvin[1].

Ces auteurs prétendent que l'art. 93 n'est que démonstratif et non limitatif, que l'art. 2074 ne régit le gage commercial que dans les cas indiqués en l'art. 95, que, hors ces cas, ce sont les usages du commerce et non les principes du Droit commun qui gouvernent la matière.

[1] MM. Delamarre et Lepoitvin, *Du contrat de commission*, I, 198. M. Troplong, nos 157 à 184. Pardessus, 5e édit., t. II, p. 382.

Cette question, de la plus haute importance pour le commerce, nous semble devoir mériter un examen approfondi.

Comment raisonnent les auteurs que nous combattons? Ils disent : L'art. 2084 du Code Napoléon exclut l'application des règles du Droit civil pour tous les gages commerciaux; l'art. 95 du Code de commerce est venu donner accès aux règles du Droit commun dans le cas unique dont il s'occupe, il laisse donc subsister pour tous les autres cas les usages et les règles particulières au commerce.

Ils invoquent, à l'appui de leur thèse, une loi du 8 septembre 1830, portant : « Les actes de prêts sur dépôt et consignation de marchandises, fonds publics français et actions des compagnies d'industrie et de finance, dans les cas prévus par l'art. 95 du Code de commerce, seront admis à l'enregistrement, moyennant un droit fixe de deux francs. »

Cette loi, disent-ils, a été rendue pour soulager le commerce dans des moments difficiles. Pour que le bénéfice fût égal et général pour tous, elle a dû s'occuper de tous les cas où l'acte écrit était nécessaire; or, le législateur ne parle que de l'art. 95, ce qui prouve que dans ce seul cas l'art. 2074 est applicable, que dans toutes les autres hypothèses on retombe sous l'empire des usages du commerce.

Ces arguments paraissent spécieux, mais ils ne sont point décisifs. Et d'abord, quelle a été l'intention du législateur en inscrivant l'art. 2084 dans le Code Napoléon? Les rédacteurs du Code civil, dans la pensée que la France serait dotée quelques années plus tard d'une législation commerciale complète, ont cru devoir laisser le gage commercial sous l'empire de l'ordonnance de 1673 et des modifications que l'usage y avait apportées; mais cet espoir fut malheureusement déçu; car les rédacteurs du Code de commerce ne réglèrent qu'un certain nombre de points qui réclamaient depuis longtemps une solution conforme aux nouvelles exigences du commerce. Dans l'art. 93, ils ont réglé spécialement le privilége du commissionnaire de vente, leur intention a été de dispenser ce privilége des formalités de la loi civile, mais ils ont

3

expressément écrit dans l'art. 95 les limites dans lesquelles ils entendaient le lui attribuer. Hors de ces limites, c'est au Droit civil qu'il faut recourir, c'est-à-dire au Droit commun qui régit tous les points non prévus par la loi commerciale.

Quant à la loi du 8 septembre 1830, qu'on invoque contre l'opinion que je soutiens, elle ne prouve rien, car elle prouve trop : Il est d'un usage constant que le droit fixe de deux francs se perçoit même sur les contrats de nantissement entre négociants, lorsque les parties, renonçant au bénéfice de l'art. 93, ont cru devoir rédiger un acte écrit.

Ainsi, le cas prévu par l'art. 93 est le seul qui soit dispensé des formalités prescrites par le Code Napoléon.

Je crois même qu'il n'est question dans cet article que du commissionnaire de vente. C'est ce que prouvent les mots *pour être vendues* de l'art. 93, c'est ce qui devient évident surtout quand on se reporte aux motifs de la loi : Le débiteur a besoin d'argent, il n'y a qu'un commissionnaire de vente qui puisse réaliser en espèces les marchandises qu'on lui expédie.

La disposition est donc étrangère aux commissionnaires d'achat, de dépôt, etc. C'est là aussi, si je ne me trompe, l'opinion du savant professeur de Droit commercial de notre faculté.

Une seconde modification apportée par le Droit commercial aux prinprincipes du Droit civil, concerne les effets négociables par la voie de l'endossement.

Une jurisprudence constante, s'appuyant sur les art. 2084 du Code Napoléon, 136 du Code de commerce, décide que les art. 2074 et 2075 ne concernent point ces sortes d'effets[1].

Cette jurisprudence a raison au fond, mais les motifs qu'elle allègue ne sont pas décisifs. De ce que la propriété de ces effets se transmet par la voie de l'endossement, il ne résulte pas *a fortiori* qu'on puisse les donner en gage de la même manière. Une pareille induction n'est pas permise. Nous établirons à diverses reprises, dans ce travail, que la loi

[1] MM. Aubry et Rau, § 432.

se montre plus sévère en matière de constitution de gage qu'en matière de translation de propriété, et nous verrons que l'intérêt des tiers a été pour beaucoup dans cette manière de voir. Ce qui justifie cette jurisprudence, c'est que l'endossement fait par lui-même foi de sa date, non-seulement entre les parties, mais encore à l'égard des tiers, contrairement à l'art. 1328[1] du Code Napoléon; dès lors, pour être logique, il fallait appliquer cette idée aussi bien aux constitutions de gage qu'aux translations de propriété.

CHAPITRE II.

DES CONDITIONS NÉCESSAIRES A LA VALIDITÉ DU CONTRAT DE GAGE.

Indépendamment des conditions essentielles que nous avons établies dans le chapitre précédent, la loi civile exige de nouvelles conditions à l'accomplissement desquelles elle subordonne la validité du contrat de gage, et dont l'absence entraîne nullité. Ces conditions sont celles qu'elle prescrit dans tous les contrats, car, sous ce rapport, le gage n'a pas été mis dans une classe à part.

Elles sont au nombre de deux et se rapportent : 1° au consentement, 2° à la capacité.

Du consentement. Pour qu'un consentement soit considéré comme valable aux yeux du Droit civil, il faut qu'il soit exempt de vices. Ces vices sont l'erreur, la violence et le dol (C. Nap., art. 1109). La loi regarde ces vices comme entraînant la nullité du consentement; je crois que l'erreur et le dol devraient plutôt entraîner l'inexistence du consentement, en vertu de la règle romaine : *Non videntur qui errant consentire.*

Toutefois, sans nous appesantir sur les motifs qui ont déterminé le législateur à s'écarter des données du Droit philosophique, nous ferons

[1] MM. Aubry et Rau, § 432. M. Troplong, n°s 283 et sv, M. Massé, *Droit Commercial*, VI, 521 et sv.

3.

remarquer que, ces conditions étant exigées dans tous les contrats, le gage doit également les réunir.

De la capacité. Il faut l'envisager sous un double point de vue : 1° au point de vue de celui qui donne le gage, 2° au point de vue de celui qui reçoit le gage.

Pour pouvoir valablement donner un gage, il faut être propriétaire de la chose et capable d'en disposer.

Il faut être, disons-nous, propriétaire : cependant je crois que le tiers qui de bonne foi a reçu un gage *a non domino*, pourrait en refuser l'extradition au véritable propriétaire, pourvu toutefois que la chose ne fût ni volée ni perdue[1].

En Droit romain, le nantissement de la chose d'autrui était nulle, du moins à l'égard des tiers. Le véritable propriétaire conservait toujours son action en revendication contre le détenteur de la chose.

Dans notre ancien Droit, la question était controversée. Longtemps les principes du Droit romain sur la revendication des meubles entre les mains des possesseurs de bonne foi avaient été consacrés par la jurisprudence, lorsque le Parlement de Paris, dans un arrêt devenu célèbre, appliqua le premier la maxime coutumière : *Les meubles n'ont pas de suite.*

En présence de l'art. 2279 du Code Napoléon, il n'est plus permis aujourd'hui de douter de la proposition que nous avançons. Si un tiers de bonne foi acquiert un objet mobilier *a non domino*, l'action en revendication du véritable propriétaire ne sera point recevable, tant qu'il ne prouvera pas que la chose a été volée ou perdue.

Si l'on admet cette idée pour le Droit de propriété, il faut *a fortiori* l'admettre pour le Droit de nantissement.

De plus, l'art. 2102, n° 4, al. 3, nous dit : Le privilège du vendeur ne s'exerce toutefois qu'après celui du propriétaire de la maison ou de la ferme, à moins qu'il ne soit prouvé que le propriétaire avait connais-

---

[1] MM. Aubry et Rau, § 433. M. Troplong, n°s 70, 71, 72.

sance que les meubles et autres objets garnissant sa maison ou sa ferme n'appartenaient pas au locataire.

Ainsi donc, le privilége du propriétaire locateur de bonne foi l'emporte sur le privilége du vendeur d'objets mobiliers. Cette proposition ne nous paraît être qu'une application spéciale au gage tacite d'un principe général en matière de nantissement, et, en généralisant cette idée, nous dirons que le privilége du créancier gagiste l'emporte sur le Droit de propriété[1]. *En fait de meubles possession vaut titre.*

Non-seulement le débiteur doit être propriétaire du gage, il doit encore être capable de disposer de la chose qu'il donne en nantissement.

Cette règle est absolue et s'applique non-seulement aux mineurs et aux interdits, mais encore aux personnes pourvues d'un conseil judiciaire.

Nous fondons cette solution sur le principe que la constitution de gage est un acte de disposition, une sorte d'aliénation conditionnelle. Dès lors les mêmes formalités prescrites par la loi pour l'aliénation des biens des incapables, devront, selon nous, être remplies en matière de constitution de gage.

Quant à la capacité de celui qui reçoit le gage, c'est la capacité de Droit commun qui est requise.

En effet, le gage soumet le créancier nanti à des obligations plus ou moins onéreuses qui se poursuivent sur lui par l'action pigneratice contraire. Le créancier doit donc être capable de s'obliger.

Du reste, ce contrat n'est soumis pour sa validité à aucune forme spéciale [2] ; il peut être formé verbalement ou par écrit. L'écriture, en Droit français, à moins de disposition formelle, n'est jamais requise pour la validité des contrats.

En ce qui concerne la preuve du gage entre les parties contractantes, l'existence et la réception de la chose à ce titre peuvent être justifiées par les moyens du Droit commun [3].

[1] Duranton, t. XVIII, n° 509.
[2] MM. Aubry et Rau, § 433. M. Troplong, n° 114. Duranton, XVIII, n° 512.
[3] Duranton, *ibidem.*

CHAPITRE III.

DES CONDITIONS NÉCESSAIRES A L'EFFICACITÉ DU CONTRAT DE GAGE A L'ÉGARD DES TIERS.

Quand le contrat de gage réunit les conditions d'existence et de validité que je viens d'examiner dans les chapitres précédents, les parties sont irrévocablement liées l'une envers l'autre, et le gage produira son plein et entier effet entre les parties contractantes.

Mais il ne faut pas conclure de cette idée que le gage sera opposable aux tiers intéressés. Le contrat est à leur égard *res inter alios acta*, si les conditions d'efficacité ou de publicité prescrites par la loi civile n'ont pas été scrupuleusement remplies [1].

La loi, en effet, dans l'intérêt des tiers, a dû prescrire des formalités spéciales, destinées à sauvegarder leurs intérêts et à empêcher les fraudes et les collusions.

Le privilége attaché au gage est, nous l'avons déjà dit, une exception au principe de l'égalité des créanciers. Il fallait donc que la loi, pleine de sollicitude pour les autres créanciers, intervînt ici en leur faveur et réglât les conditions auxquelles l'exercice du privilége se trouve subordonné. C'est ce qu'elle a fait dans les art. 2074 et 2075.

Ces deux articles n'ont pas pour objet d'indiquer à quelles conditions le gage sera valable entre les parties contractantes; ils ne regardent que les tiers, c'est-à-dire les personnes qui auraient intérêt à contester l'existence du contrat. C'est ce qui résulte évidemment des précédents historiques des travaux préparatoires du Code et du système général du Code Napoléon.

L'ordonnance de 1673 sur le commerce terrestre contenait les dispositions suivantes dans les art. 8 et 9, titre VI :

Art. 8. Aucun prêt ne sera fait sous gages qu'il n'y en ait un acte par devant notaires, dont sera retenu minute, qui contiendra la somme

[1] M. Schützenberger, *Lois de l'ordre social*, t. I, p. 388.

prêtée et les gages qui auront été délivrés, à peine de restitution des gages, à laquelle le prêteur sera contraint par corps, sans qu'il puisse prétendre de privilége sur ses gages, sauf à exercer ses autres actions.

Art. 9. Les gages qui ne pourront être exprimés dans l'obligation seront énoncés dans une facture ou inventaire, dont sera fait mention dans l'obligation, et la facture ou inventaire contiendra la qualité, quantité, poids et mesures des marchandises ou autres effets donnés en gage, sous les peines portées par l'article précédent.

Ces dispositions ne faisaient que renouveler les prescriptions introduites par des ordonnances royales et des arrêts de règlement du Parlement de Paris. Jousse et Pothier, commentateurs de l'ordonnance, enseignaient que ces formes n'étaient requises que pour exercer le privilége à l'égard des tiers.

Lors de la discussion du Code, le tribun Gary, parlant des art. 2074 et 2075, s'exprimait ainsi : « S'il ne s'agit que de l'effet que doit avoir la convention entre le créancier et le débiteur, les règles suivant lesquelles la vérité de cette convention doit être établie sont celles prescrites par la loi des contrats et obligations conventionnelles en général. Mais, si cette convention doit être opposée à des tiers, si le détenteur du gage réclame, au préjudice de ces tiers, le privilége que la loi lui assure, il faut alors que la remise de ce gage, ou la convention dont elle est l'effet, ait une date certaine qui exclue toute idée de fraude entre ce détenteur et le propriétaire du gage. Sans cette précaution, un débiteur infidèle, au moment où il verrait que ses effets mobiliers vont être mis sous la main de la loi, parviendrait, par des intelligences criminelles, à les soustraire à l'action de ses créanciers [1]. »

Enfin, il est de principe en Droit français que les conventions sont parfaites par le seul consentement des parties, et qu'aucune forme spéciale n'est exigée pour la validité d'un contrat.

Après avoir indiqué les limites dans lesquelles les art. 2074 et 2075

[1] Fenet, t. XV, p. 215.

étaient applicables, nous allons pénétrer plus avant dans l'examen de ces dispositions.

Ces articles distinguent entre les meubles corporels et les meubles incorporels, c'est également le plan que nous adoptons.

Impignoration des meubles corporels. L'art. 2074 porte : Ce privilége n'a lieu qu'autant qu'il y a un acte public ou sous seing privé dûment enregistré, contenant la déclaration de la somme due, ainsi que l'espèce et la nature des choses remises en gage, ou un état annexe de leur qualité, poids et mesure. — La rédaction de l'acte par écrit et son enregistrement ne sont néanmoins prescrits qu'en matière excédant la valeur de cent cinquante francs.

La loi exige un acte public ou sous seing privé dûment enregistré.

Il est facile de saisir l'intention du législateur. Il a craint avec raison que le débiteur de mauvaise foi n'aille soustraire à ses créanciers une partie de son actif, en antidatant des nantissements préjudiciables à ces derniers.

On s'est demandé si cette formalité ne pouvait pas être utilement suppléée par l'une ou l'autre des deux circonstances indiquées dans l'art. 1328, et que l'art. 2074 ne reproduit pas.

Reconnaissons d'abord avec M. Delvincourt que la question ne peut se présenter pour les meubles incorporels, l'acceptation ou la reconnaissance devant être nécessairement authentique. Quant aux meubles corporels, on doit admettre que l'enregistrement est seul admis. *Privilegia sunt strictissimæ interpretationis*[1].

Si le législateur avait voulu que l'art. 1328 fût applicable, il l'aurait dit, car rien n'eût été plus facile : il eût suffi de remplacer le mot *enregistré* dans l'art. 2074 par les mots : *ayant date certaine.*

Les auteurs qui enseignent que l'art. 1328 est applicable oublient

[1] Aubry et Rau, note 4. Duranton, t. XVIII, 521, 522. *Contra :* Dalloz, v° *Nantissement.* Valette, *Priviléges et hypothèques*, n° 19. Rolland de Villargues, v° *Nantissement.* Delvincourt, t. III, p. 438, n° 9. Bedarride, *Des faillites*, t. II, n° 904. Troplong, n°ˢ 496 et sv.

qu'en matière de gage, tout est de rigueur et de stricte interprétation. Nous ne saurions bien moins encore partager l'opinion de M. Troplong qui, se fondant sur un arrêt unique de la Cour d'Aix, du 27 mai 1845, prétend que le timbre de la poste suffirait pour donner à l'acte la date certaine.

Un acte écrit est donc indispensable. Toutefois, le deuxième alinéa de l'art. 2074 contient une exception : En matière excédant cent cinquante francs, l'acte écrit n'est pas nécessaire.

Le Code a puisé cette doctrine dans les monuments de notre ancienne jurisprudence.

De tous temps il avait été reconnu qu'au-dessous de cinquante francs, l'intérêt était si minime qu'une protection exagérée tournerait contre son propre but[1].

Mais que signifient ces mots : *En matière excédant cent cinquante francs?* Ces mots doivent évidemment s'appliquer à la somme pour laquelle il y a conflit d'intérêt entre le créancier et les tiers[2].

Prenons quelques exemples. La dette garantie par nantissement est de 100 fr., l'objet remis en gage vaut 300 fr.; le débat ne roulera dans cette hypothèse que sur une somme de 100 fr., l'acte écrit n'est donc pas nécessaire.

La dette garantie par nantissement est de 300 fr., l'objet engagé vaut 100 fr.; ici encore la contestation ne roulera en définitive que sur 100 fr. seulement, l'acte écrit ne sera pas nécessaire.

Pour qu'il y ait nécessité d'un acte écrit, il faut supposer que la dette excède 150 fr. et que l'objet engagé pour cette dette est d'une valeur supérieure à 150 fr.

Si ces deux conditions ne se rencontrent pas simultanément, le créancier nanti peut invoquer son privilége sans justifier de la formalité d'un acte écrit.

Quand la loi exige que le gage soit constaté par acte écrit, elle veut

[1] Troplong, *Nantissement*, nos 186 et sv.
[2] Aubry et Rau, § 433, note 3. Duranton, t. XVIII, p. 511.

4

en outre que l'acte contienne certaines énonciations spéciales indiquées au premier alinéa de notre article.

Il doit porter déclaration de la somme due, l'espèce et la nature des choses remises en gage, ou un état annexé de leur qualité, poids et mesure.

Cet article, copié dans l'ordonnance de 1673, est assez équivoquement rédigé; cependant il est facile d'en saisir le sens, en, se reportant au but que le législateur a voulu atteindre. Qu'a voulu la loi? Elle a voulu prévenir les fraudes et les collusions, en empêchant qu'on ne substituât des objets plus précieux à ceux qui primitivement avaient été donnés en gage et qui étaient d'une moindre valeur.

Ces énonciations doivent être strictement relatées, et la jurisprudence s'est constamment montrée sévère et rigoureuse sur ce point.

La loi exige l'énonciation de la somme due. Cette désignation sert à avertir les tiers, elle les met en demeure de purger le gage [1]. Quoique bien moins importante que la seconde, cette désignation est prescrite par la loi à peine de déchéance. Il n'est cependant pas nécessaire que l'acte énonce la nature de la créance, l'époque de l'exigibilité, la forme, la date; l'art. 2074 n'en dit rien et les formalités ne se supposent pas.

Quant à l'énonciation des sommes engagées, elle est de la plus haute importance. La loi exige une désignation individuelle et précise; c'est là, en effet, que la fraude aurait pu le plus facilement s'abriter; principalement en cas de faillite. *Quid juris,* si l'acte n'énonce qu'une partie de la somme due? Le privilége n'existera que pour cette partie de la somme. C'est au créancier à s'imputer à lui-même les conséquences de sa négligence [2].

Il en serait de même si la formalité de la description n'avait été observée qu'à l'égard de quelques-uns des objets donnés en gage [3].

Le nantissement ne sera pas nul pour le tout, mais seulement nul

[1] Troplong, *Nantissement*, nos 490 et sv.
[2] Aubry et Rau, § 433.
[3] Troplong, *Nantissement*, § 193.

quant aux objets non décrits. *Utile per inutile non vitiatur.* Statuer le contraire serait appliquer d'une étrange manière le principe de l'indivisibilité du gage.

Impignoration des meubles incorporels. L'art. 2075 porte : Le privilége énoncé en l'article précédent ne s'établit sur les meubles incorporels, tels que les créances mobilières, que par un acte public ou sous seing privé aussi enregistré et signifié au débiteur de la créance donnée en gage.

En comparant cet article à l'art. 2074, on voit qu'il en diffère sur deux points : 1° L'acte public ou sous seing privé, enregistré, est exigé dans tous les cas. Cet article, en effet, ne distingue pas entre le cas où la dette surpasse cent cinquante francs et celui où elle est inférieure à cent cinquante francs; première modification. 2° La loi ne se contente pas de l'acte écrit, elle exige une signification faite au débiteur de la créance mise en gage; seconde modification[1].

Tout ce que j'ai dit en expliquant l'art. 2074 doit également ici recevoir son application. La loi parle d'une *signification*, l'acceptation du débiteur par acte authentique serait-elle considérée comme inefficace ? La majorité des auteurs incline pour la validité de l'acceptation authentique, c'est également l'opinion que nous adoptons[2].

En effet, l'acceptation authentique est mise par le législateur sur la même ligne que la signification, et il est impossible de trouver des raisons qui feraient rejeter cette assimilation dans l'hypothèse qui nous occupe.

Toutes espèces de meubles incorporels peuvent former l'objet d'un gage : la loi s'exprime, en effet, d'une manière énonciative. Ainsi, les actions des compagnies de finance, d'industrie et de commerce sont susceptibles d'être engagées et par conséquent soumises aux formalités tracées par l'art. 2075, à moins qu'il ne s'agisse d'effets négociables susceptibles de se transmettre par la voie de l'endossement.

[1] Aubry et Rau, § 533. Duranton, XVIII, 524. Troplong, n° 267.
[2] Aubry et Rau, § 533. Duranton, t. XVIII, 524.

Ces effets sont dispensés, comme nous l'avons vu, des formalités du Code civil.

Nous venons de voir les formalités diverses prescrites par la loi pour donner au gage son efficacité vis-à-vis des tiers, il nous reste à examiner maintenant deux questions controversées encore aujourd'hui et dont la solution est de la plus haute importance pour le commerce.

Première question. Quelles sont les formalités à accomplir quand l'objet mis en gage est une créance au porteur?

Un grand nombre d'auteurs soutiennent que la tradition de pareils effets étant suffisante pour en transférer la propriété, quand elle a eu lieu dans cette intention, cette tradition *a fortiori* sera suffisante pour les donner en gage[1].

Ils invoquent plusieurs raisons : La propriété de ces créances, disent-ils, peut se transmettre par une simple remise manuelle; *a fortiori* peut-on efficacement constituer pareilles valeurs en gage, au moyen d'une simple remise, indépendamment de tout acte de cession ou d'endossement, indépendamment de toute signification.

Ils invoquent un argument d'analogie tiré de l'art. 2075, duquel il résulte que, pour donner des créances en gage, il faut employer les mêmes formalités que pour les céder; donc, disent-ils, le législateur est parti de l'idée que pour donner des créances en gage, il faut employer les mêmes formes que pour la translation de propriété.

Nous ne nous rangeons pas à cette opinion si diamétralement opposé au texte et à l'esprit de la loi; au texte : l'art. 2074 exige que le nantissement de meubles corporels soit accompagné de plusieurs formalités que nous avons précédemment étudiées; et qui contestera que ces objets ne peuvent se transmettre par la simple remise manuelle?

Cette opinion répugne à l'esprit de la loi : Une constitution de gage entraînant pour les tiers les conséquences les plus fâcheuses, le législateur a dû soumettre ces actes à des formes plus rigoureuses que celles qui sont requises pour transférer la propriété.

[1] Troplong, *Nantissement*, nos 261 et sv. Masse, *Droit commercial*, VI, 525.

Nous pensons que l'art. 2074 sur les meubles corporels est applicable : En effet, pourquoi les valeurs au porteur se transmettent-elles par la simple remise? Parce que ces valeurs, à raison de leur forme, sont assimilables à des meubles corporels, la créance se confond jusqu'à un certain point avec l'acte instrumentaire, il est donc juste et rationnel de les soumettre, au point de vue qui nous occupe, aux conditions requises par la loi pour l'impignoration des meubles corporels [1].

Deuxième question. Les formalités spéciales imposées par l'art. 2074 pour l'établissement du privilége attaché au gage ne sont-elles pas suffisamment remplies par un acte apparent de vente? Nous croyons avec les savants annotateurs de Zachariæ que cette prétention n'est pas admissible [2]. M. Troplong qui l'a défendue s'appuie sur la jurisprudence qui déclare valables les donations déguisées sous forme de ventes. Mais c'est là le cas de dire : *Non est eadem ratio.* Qu'une donation déguisée sous forme de vente soit valable, je le comprends, car la vente comme la donation a pour effet de transférer la propriété; mais en matière de constitution de gage, contrat dont l'effet est de produire un droit de préférence contre les tiers, cette opinion n'est pas adoptable. Sans doute, il y aurait tradition, il y aurait même enregistrement, mais comment les créanciers pourraient-ils contester, le cas échéant, l'extension qu'on voudrait donner au gage? Les garanties que la loi a voulu établir en leur faveur, ne seraient point réalisées par l'acte apparent de vente.

Nous venons de voir les formes diverses que doit revêtir le contrat de gage pour être efficace à l'égard des tiers ; cette condition n'est pas la seule; il faut, de plus, que le créancier ou le tiers convenu entre les parties ait continué à rester en possession du gage ou de l'acte qui le constate [3] (C. Nap., art. 2076). De même que la mise en possession est regardée comme une condition d'existence du gage, de même la conti-

---

[1] Aubry et Rau, § 433, note 8.
[2] Aubry et Rau, § 433. *Contra :* Troplong, nos 204 à 207.
[3] Aubry et Rau, § 433. Troplong, no 277. Dalloz, vo *Nantissement*, I, no 4.

nuation de la possession est un élément indispensable à l'existence du privilége.

En matière d'objets corporels, la possession est facile à comprendre; mais il n'est pas possible de comprendre la possession d'objets incorporels *quæ tangi non possunt;* aussi, dans ce dernier cas, la jurisprudence a-t-elle admis que la possession de l'acte instrumentaire représenterait la possession de la créance. De là résulte cette conséquence, qu'une créance non constatée par écrit ne peut être donnée en gage.

C'est avec raison que la loi exige la possession; la possession, en effet, est l'indice le plus éclatant du privilége; c'est en quelque sorte le fait matériel et patent qui montre la séparation du gage d'avec les autres biens du débiteur. Cette possession, pour être efficace, doit revêtir certains caractères. Elle doit être réelle ou naturelle : L'intérêt des tiers exige, en effet, que cette possession soit une possession effective, autrement les tiers auraient pu croire que le gage n'existe pas. De là résulte qu'un simple constitut possessoire ne suffirait pas. Ainsi, si le créancier, après avoir reçu le gage, le rendait au débiteur à titre de prêt, de commodat, l'intérêt des tiers ne serait pas suffisamment garanti. Il n'en serait plus de même si le créancier avait remis l'objet à une tierce personne sous condition de restitution, par exemple, s'il l'avait prêté momentanément, ou si, avec le même objet, il avait formé une nouvelle constitution de gage (*sub pignus*). Ces nouvelles personnes ne posséderaient pas pour elles, mais pour le créancier.

En résumé, pour que la possession soit efficace, il faut une séparation matérielle du gage d'avec le reste du patrimoine du débiteur. Ceci n'est vrai que pour le gage civil et pour le gage commercial, dans les cas où l'art. 2074 est applicable. Quant au privilége du commissionnaire de vente, dont parle l'art. 94, on admet que la possession symbolique résultant de la remise du titre ou du connaissement suffit.

Une mise en possession ne suffit pas, il faut, de plus, que le créancier continue à rester en possession du gage, de telle sorte que, s'il venait à le perdre volontairement, le gage périrait. Je dis *volontaire-*

ment, car si le créancier avait perdu involontairement la chose par suite de vol, par suite de perte, il pourrait revendiquer la chose, non pas par la revendication proprement dite, mais par diverses actions qu'il importe de ne pas confondre.

Pour cela, il faut distinguer si la chose volée ou perdue existe ou n'existe plus entre les mains du tiers. Si la chose existe encore et se trouve entre les mains du débiteur, le créancier a l'action pigneratice directe contre le débiteur, pour se faire rendre le gage. Ce n'est pas là une action réelle, comme le prétend à tort M. Dalloz[1], mais une action purement personnelle dérivée du contrat de nantissement. Si la chose est entre les mains d'un tiers autre que le débiteur, le créancier exercera l'action naissant des art. 2279 et 2280 du Code Napoléon. Si la chose n'existe plus, le créancier aura contre le débiteur l'action naissant du nantissement, et contre tout autre possesseur, une action en dommages-intérêts[2] (C. Nap., art. 1383).

CHAPITRE IV.

DES DROITS DU CRÉANCIER GAGISTE.

Le créancier a le droit de retenir le gage jusqu'au paiement intégral de la créance en principal et accessoires (C. Nap., art. 2082).

Cet article confère au créancier gagiste un véritable droit de rétention. Ce droit de rétention n'est pas particulier au créancier gagiste ; le législateur le confère à un grand nombre de créanciers possesseurs[3]. Il diffère du privilége proprement dit quant à sa nature et quant à ses effets : 1° Quant à sa nature, ce droit s'évanouit avec la possession ; 2° quant à ses effets, il ne donne au créancier qu'une exception de dol contre le débiteur[4].

---

[1] Dalloz, v° *Gage,* n° 4.
[2] Delvincourt, t. III, p. 439.
[3] Voy. l'art. 1948 sur le dépositaire, et art. 1888 sur le commodataire.
[4] Paul Pont., *Priviléges et hypothèques,* § 22.

De là résultent deux conséquences importantes, d'abord : le droit de rétention n'est jamais opposable aux autres créanciers du débiteur ; enfin, comme ce droit est indépendant du privilége, le créancier pourra l'exercer contre le débiteur, alors même que les formalités des art. 2074 et 2075 n'auraient pas été remplies.

Examinons maintenant quelle est l'étendue du droit de rétention attribué par l'art. 2082 au créancier gagiste. L'art. 2082, deuxième alinéa, nous montre qu'il est donné non-seulement pour le paiement intégral de la créance en principal, intérêts et frais, mais encore pour toute dette contractée postérieurement à la mise en gage et devenue exigible avant le paiement de la première dette.

Ce deuxième alinéa demande quelques explications. Avant tout, il importe de définir d'une manière précise l'hypothèse que l'art. 2082 a en vue. Une dette est contractée : pour la garantir, le débiteur donne un gage. Postérieurement, une deuxième dette est contractée par le même débiteur envers le même créancier et il n'intervient aucune stipulation pour affecter le gage primitif comme garantie de cette seconde dette. Mais, avant le paiement de la première, la deuxième devient exigible ; c'est alors que la loi confère au créancier un droit de rétention, jusqu'au paiement intégral des deux créances en principal et accessoires. Le débiteur, après le paiement de la première dette, ne sera donc pas admis à demander la restitution du gage.

Cette extension donnée au droit de rétention repose sur un double motif : d'abord, sur une exception de dol, ensuite, sur l'intention présumée des parties, qu'à défaut de stipulation contraire, le gage a été tacitement affecté au paiement de la deuxième dette.

Cependant quelques auteurs, parmi lesquels se trouve M. Dalloz [1], pensent que pour l'application du deuxième alinéa de l'art. 2082, il est nécessaire que la nouvelle dette soit venue à échéance avant l'exigibilité de la première dette. Ainsi, un débiteur contracte une première dette payable le 1er janvier ; plus tard, il contracte une nouvelle dette envers

[1] Dalloz, v° *Gage*, n° 2.

le même créancier et payable le 15 janvier. M. Dalloz soutient qu'il n'y a pas lieu à rétention, car, dit-il, il n'a pu entrer dans l'intention des parties que la première dette ne serait pas payée avant l'exigibilité de la seconde. Mais je crois que cette opinion n'est pas la véritable, car le droit de rétention du deuxième alinéa de l'art. 2082 n'est pas fondé uniquement sur l'intention présumée des parties, mais sur une exception de dol; il suffit donc, croyons-nous, que la première dette n'ait pas été payée au moment de l'exigibilité de la deuxième. Le débiteur, en effet, lors de l'échéance de la première dette, aurait pu faire des offres réelles suivies de consignation, mais il n'a pas agi ainsi, il a attendu encore l'échéance de la deuxième dette; quoi de plus rationnel que de supposer de sa part consentement tacite à ce que le gage fût affecté au paiement de la deuxième dette?

Il suffit donc pour l'application de l'art. 2082 que le créancier soit en droit de réclamer les deux dettes [1].

Le Droit romain allait même plus loin que le Droit français : il accordait le droit de rétention pour paiement de dettes contractées avant la constitution de gage. La présomption était hasardée, car rien n'eût empêché les parties de déclarer que le gage qu'ils contractaient s'appliquait à la première dette. En Droit français, au contraire, la présomption légale se justifie, puisque les deux dettes peuvent avoir été contractées sans écrit.

La présomption légale qui sert de base à l'art. 2082 du Code Napoléon n'est pas une présomption légale *juris et de jure contra quam nulla admittitur probatio*, ce n'est qu'une présomption *juris tantùm* qui peut être combattue par la preuve contraire, par exemple, s'il y a eu stipulation formelle entre les parties de ne point affecter le gage au paiement de la deuxième dette. Toutefois, le gage tacite, admis par l'art. 2082, deuxième alinéa, ne produit pas de privilège à l'égard des autres créanciers, il ne donne naissance qu'à un simple droit de rétention; il ne

---

[1] Aubry et Rau, § 434.

s'agit, en effet, ici que d'une exception de dol, exception qui ne peut être efficace qu'entre les parties contractantes[1].

Examinons maintenant le caractère du droit de rétention. Le gage, dit l'art. 2083, est indivisible, nonobstant la divisibilité de la dette entre les héritiers du débiteur ou ceux du créancier.

Comme conséquences de ce principe, les deuxième et troisième alinéas portent : l'héritier du débiteur qui a payé sa portion de la dette ne peut demander la restitution de sa portion dans le gage, tant que la dette n'est pas entièrement acquittée; réciproquement, l'héritier du créancier qui a reçu sa portion de la dette ne peut remettre le gage au préjudice de ceux de ses cohéritiers qui ne sont pas payés. Si donc l'un des héritiers du débiteur payait toute la dette afin de pouvoir retirer le gage, il sera subrogé aux droits du créancier, en vertu de l'art. 1251, n° 3, comme étant, lorsqu'il a payé, tenu avec d'autres, et comme ayant en conséquence intérêt à l'acquittement de la dette[2].

En résumé, nous dirons que le droit de rétention du créancier est indivisible au double point de vue de la créance garantie et de l'objet mis en gage (C. Nap., art. 2083).

Mais, quelque utile que puisse être pour le créancier le droit de rétention, il est certain que ce droit ne lui suffit pas; car ce droit ne pourrait donner au créancier les moyens de se faire payer. Qu'est-ce, en effet, que le gage, sinon un moyen de garantir le paiement d'une dette? Voyons donc les moyens juridiques que le législateur donne au créancier pour l'aider à rentrer dans le paiement de sa créance. D'abord, le créancier n'a pas le droit de s'approprier le gage (C. Nap., art. 2078). Cette nullité, introduite par l'empereur Constantin, a pour effet de prévenir les fraudes de certains créanciers qui, en ne donnant qu'une très-modique valeur à la chose engagée, trouvaient par là le moyen de se procurer un intérêt excessif[3].

[1] Aubry et Rau, § 434. Delvincourt, t. III, p. 441. *Contra :* Dalloz, v° *Nantissement*, § 1, n° 3. Le Clerq, *Droit romain dans ses rapports avec le Droit français*, t. VII, p. 172. — [2] Duranton, t. XVIII, § 549. — [3] *Ibid.*, § 537.

Au nombre des clauses célèbres dans les annales de l'usure et de la fraude, se trouve le pacte commissoire que la constitution de **Constantin** eut particulièrement pour objet d'abolir.

Cette clause, qui autorisait le créancier à disposer, comme bon lui semblait, du gage, aussitôt que l'expiration du terme serait arrivée, est contraire à la nature du contrat de gage, qui veut une vente sérieuse, en même temps qu'elle est contraire à la morale, puisqu'elle autorise une personne à profiter d'un debiteur aux abois pour s'enrichir à ses dépens. Les anciens commentateurs ont longuement discuté la question de savoir si le pacte commissoire sipulé *ex intervallo* était valable ou nul; mais cette question n'en est plus une aujourd'hui en présence du texte de l'art. 2078 et de l'esprit qui a présidé à la rédaction de cet article. Toute clause, dit notre article, qui autoriserait le créancier à s'approprier le gage ou à en disposer sans les formalités ci-dessus, est nulle. Il était impossible au législateur de s'exprimer d'une manière plus absolue. La nullité ne frappe pas la convention de gage tout entière, mais simplement la clause illicite. Le Droit romain était plus rigoureux et plus sévère, la nullité dont se trouvait entaché le pacte commissoire réagissait sur le contrat tout entier.

Voyous donc les droits que la loi confère au créancier gagiste : Il peut faire ordonner en justice que le gage lui demeurera en paiement et jusqu'à due concurrence, d'après une estimation faite par experts, ou qu'il sera vendu aux enchères.

Le créancier jouit donc d'un droit d'option. Quand le créancier formule cette demande sous cette manière alternative, les tribunaux sont autorisés à faire le choix; mais quand le créancier a choisi lui-même, les tribunaux ne sont pas autorisés à le contredire; l'office du juge varie donc suivant la forme de la demande.

Toutefois, l'opinion contraire est enseignée par **M. Duranton**[1]. Suivant cet auteur, la justice seule aurait le droit de choisir la mesure qui lui semble la plus favorable aux intérêts du débiteur. Ce système con-

[1] Duranton, t. XVIII, § 537.

duirait à des conséquences inacceptables : Comment voudrait-on que la justice eût plus de droit que le débiteur, et qu'elle puisse forcer le créancier à acheter une chose contre son gré?

Le créancier devra s'adresser au tribunal par simple requête, qu'il fera bien de signifier au débiteur, afin de le mettre en demeure de fournir ses dires et observations.

Passons maintenant à l'examen de quelques classes permises ou prohibées dans le contrat de gage.

On s'est demandé si la clause par laquelle le créancier aurait reçu du débiteur le droit de faire vendre le gage aux enchères sans autorité de justice était autorisée par l'art. 2078. Nous le pensons. En effet, les intérêts du débiteur et des tiers sont suffisamment garantis par l'intervention de l'officier public aux enchères, et, de plus, les tribunaux ne pourraient jamais refuser cette demande au créancier[1].

Il n'en serait plus de même de la clause en vertu de laquelle le créancier serait autorisé à s'approprier le gage moyennant l'avis d'experts, car il faut de toute nécessité que le tribunal ou l'officier public intervienne[2].

Du reste, la vente du gage passée par le débiteur au créancier, soit avant, soit après l'échéance de la vente, est valable, sauf les cas de fraude.

Serait valable également la clause par laquelle le créancier pur et simple stipulerait qu'en cas de non-paiement, il prendra une chose *datione in solutum*. Il y a là ni pacte commissoire, ni gage, mais simplement vente conditionnelle, soumise comme telle aux règles du Droit commun[3].

L'obligation de vendre le gage en justice cesserait également, si le débiteur changeait lui-même son titre[4].

---

[1] Aubry et Rau, § 534, note 8.
[2] *Contra :* M. Troplong, nos 400 et sv.
[3] Troplong, nos 405, 406.
[4] Malleville, *Analyse du Code civil*, t. IV, p. 161.

Nous venons de voir les deux droits qui compètent au créancier gagiste sur la chose.

En outre, le créancier, aux termes de l'art. 2080, est fondé à répéter les impenses utiles et nécessaires qu'il a faites pour la conservation du gage. Cette rédaction est assez équivoque. En effet, quant aux impenses nécessaires, elles sont censées avoir toutes tourné au profit du débiteur, et celui-ci est tenu de les restituer intégralement. Quant aux impenses utiles, le débiteur n'en est tenu que jusqu'à concurrence de la mieux value; encore même, si les dépenses étaient excessives, le débiteur ne serait-il pas tenu de rembourser toute la mieux value, *ut neque delicatus debitor, neque onerosus creditor audiatur*, disait Ulpien. Cette décision est très-équitable; car le créancier, en augmentant la valeur du gage, a pu être de mauvaise foi, et ne faire toutes ces dépenses que pour empêcher le débiteur de retirer sa chose.

. Nous terminons ce chapitre par l'examen des art. 2079, 1er al., et 2081. Aux termes de l'art. 2079, jusqu'à l'expropriation du débiteur, s'il y a lieu, il reste propriétaire du gage qui n'est dans la main du créancier qu'un dépôt assurant le privilége de celui-ci. Le débiteur reste propriétaire du gage, le créancier n'est qu'un dépositaire[1].

De la première proposition résulte : 1° que le débiteur reste chargé des cas fortuits, jusqu'à la mise en demeure du créancier; 2° le débiteur conserve le droit de disposer de sa chose; 3° le débiteur pourra revendiquer la chose sitôt que la dette principale viendra à s'éteindre pour une cause quelconque.

De la seconde proposition résulte que le créancier simple dépositaire n'a pas le droit d'user et de se servir de gage (art. 1930-1936). Si donc la chose produisait des fruits et que le créancier les eût perçus, il devrait en rendre compte au débiteur.

Cependant l'art. 2081 contient une exception à la règle générale posée dans l'art 2079. S'il s'agit d'une créance donnée en gage, et que cette créance porte intérêts, le créancier impute ces intérêts sur ceux qui

[1] Aubry et Rau, § 434.

peuvent lui être dus. Si la dette pour sûreté de laquelle la créancé a été donnée en gage ne porte point elle-même intérêts, l'imputation se fait sur le capital de la dette.

Cette proposition en elle-même ne peut souffrir de difficulté; mais doit-on généraliser la règle et dire que toutes les fois que la chose est frugifère, le créancier sera admis à percevoir les fruits *in vicem usurarum*, sauf règlements ultérieurs des fruits perçus? MM. Duranton et Troplong professent cette opinion, qui ne semble pas répugner à l'esprit de la loi: *Lex statuit de eo quod fit plerumque.* Le législateur n'a procédé que par voie d'exemple, sans exclure les autres cas, fort rares d'ailleurs, qui pourraient se présenter en pratique[1].

CHAPITRE V.

DES OBLIGATIONS DU CRÉANCIER GAGISTE ET DES DROITS DU DÉBITEUR.

1° Le créancier doit veiller à la conservation de la chose engagée.

L'art. 2080 porte, en effet, que le créancier répond, selon les règles établies au titre *Des contrats ou des obligations conventionnelles en général*, de la perte ou détérioration du gage qui serait survenue par sa négligence.

Cet article se réfère à l'art. 1137 du Code Napoléon, en vertu duquel le débiteur d'une chose répond non-seulement de sa faute large, mais encore de sa faute légère; sous ce rapport, le gagiste est assimilé au dépositaire salarié[2].

Ainsi, si l'objet mis en gage est une créance, le créancier devra faire tous les actes conservatoires, dont l'omission ou le retard pourrait entraîner quelque déchéance[3].

Du reste, il ne répond pas des cas fortuits, à moins toutefois qu'il

---

[1] Duranton, t. XVIII, § 544. Troplong, *Nantissement.*
[2] Dalloz, v° *Gage*, n° 10.
[3] Pardessus, *Droit commercial*, t. I, n° 591. Dalloz, v° *Gage*, n° 11.

ne soit en demeure, ou qu'il ne s'en soit chargé par une clause ex-
presse.

2° Le créancier doit restituer le gage quand il a été payé de sa créance
en principal, intérêts et frais. Le principe de l'indivisibilité du gage
doit ici recevoir son entière application : la totalité du gage répond de
chaque partie de la dette (art. 2083).

3° Même avant d'avoir payé sa dette, le débiteur peut demander la
restitution de la chose, dans le cas où le créancier aurait abusé du
gage.

La question de savoir quand il y a abus est laissée à l'appréciation
des tribunaux, dont la décision, en pareil cas, ne pourrait jamais être
attaquée par voie de recours en cassation.

Une particularité de cette matière concerne l'action en restitution
compétant au débiteur. Cette action n'est pas soumise à la prescription tant que la dette n'a pas été payée, c'est là en effet le cas d'appliquer la règle : *Contra agere non valentem non curit præscriptio.*
D'ailleurs aucune présomption de négligence ne pèse sur le débiteur.
Ce premier point ne souffre aucune difficulté, mais à cette question
s'en rattache une autre qui peut paraître plus difficile. L'action du
créancier en paiement de la dette est-elle soumise à la prescription
tant que le créancier reste nanti de la chose? Je crois que, de même
que l'action en restitution du débiteur n'est pas prescriptible, tant que
la dette n'est pas payée, l'action en paiement du créancier n'est pas
soumise à la prescription, tant qu'il reste nanti du gage. La raison est
que la détention du gage constitue une reconnaissance permanente de
la dette de la part du débiteur, et qu'il faut par conséquent appliquer
l'art. 2048, qui dit que la prescription est interrompue par la reconnaissance du débiteur. Cette reconnaissance, ici permanente, forme
obstacle au cours de la prescription. D'ailleurs, le système contraire
conduirait à une véritable inconséquence[1]; il en résulterait que le débiteur, au bout de trente années, pourrait réclamer la restitution de

[1] Aubry et Rau, § 435.

son gage, sans offrir de désintéresser le créancier. Une pareille doctrine répugne à la raison et à l'équité qui ordonnent de rétablir l'égalité entre les parties.

DEUXIÈME PARTIE.

DU CONTRAT D'ANTICHRÈSE.

CHAPITRE PREMIER.

NOTION ET DÉFINITION DU CONTRAT D'ANTICHRÈSE.

L'antichrèse a cela de commun avec le gage qu'il constitue un nantissement (C. Nap., art. 2072), c'est-à-dire une sûreté spéciale au moyen de la remise d'une chose sur laquelle le créancier a un droit de rétention. Tout nantissement, en effet, se compose de trois éléments: 1° remise d'une chose par le débiteur; 2° sûreté spéciale; 3° droit de rétention. Ces trois éléments se rencontrent à la fois dans le gage et dans l'antichrèse. Mais l'antichrèse diffère du gage sous plusieurs rapports: 1° sous le rapport de l'objet, le nantissement sur un meuble se nomme gage, sur un immeuble il se nomme antichrèse (art. 2072); 2° sous le rapport de la nature de la sûreté spéciale qui résulte du nantissement. Le gage donne un droit de préférence, un privilége au créancier nanti, préférablement à tous autres créanciers.

Dans l'antichrèse, au contraire, le créancier n'a pas de droit de préférence sur le prix de l'immeuble donné à antichrèse. En quoi consiste donc la sûreté spéciale engendrée par le contrat d'antichrèse? Elle réside dans le droit de percevoir les fruits de l'immeuble donné à antichrèse. Ces deux idées, l'une négative, l'autre positive, résultent, la première, de l'al. 2 de l'art. 2091. Cet alinéa porte: « Si le créancier muni à titre d'antichrèse a d'ailleurs sur le fonds des priviléges ou hypothèques légalement établies et conservées, il les exerce à son ordre et comme tout autre créancier.

Cet article démontre d'une manière évidente que l'antichrèse en soi ne confère pas de droit de préférence. De plus, l'art. 2085, al. 2, porte: «Le créancier n'acquiert par ce contrat que la faculté de percevoir les fruits de l'immeuble à la charge de les imputer annuellement sur les intérêts, s'il lui en est dû, et ensuite sur le capital de sa créance. Cette rédaction négative indique clairement que le créancier a le droit de percevoir les fruits et rien de plus.

Cette indication, que nous venons de donner des points de différence et de ressemblance qui existent entre le gage de l'antichrèse, nous donne le moyen de former la définition du contrat d'antichrèse.

L'antichrèse est un contrat par lequel le débiteur ou un tiers met le créancier en possession d'un immeuble avec l'autorisation d'en percevoir les fruits pour les imputer annuellement sur les intérêts et ensuite sur le capital, ou simplement sur le capital, quand la créance n'est pas productive d'intérêts [1].

Cette définition nous signale une différence notable entre l'antichrèse des Romains et l'antichrèse du Code Napoléon.

En Droit Romain, il n'y avait réellement antichrèse que quand la créance garantie par l'immeuble était productive d'intérêts; au contraire, si la créance garantie n'était pas productive d'intérêts, l'immeuble donné en garantie n'était qu'un *pignus*, un nantissement d'immeuble [2].

Le Droit français a donné à l'antichrèse un caractère plus étendu : Pour quelque cause que le créancier perçoive les fruits de l'immeuble, *in vicem usurarum* ou *in vicem sortis*, l'immeuble donné pour garantie de la dette est toujours une antichrèse, car tout nantissement d'une chose immobilière s'appelle antichrèse (art. 2072). Nous avons vu dans notre définition que le créancier percevait les fruits pour les im-

[1] Aubry et Rau, § 436.
[2] Troplong, *Du nantissement*, § 538.

puter annuellement sur les intérêts et ensuite sur le capital, quand la créance n'est pas productive d'intérêts.

Cependant M. Proudhon, dans son remarquable ouvrage sur l'usufruit, a soutenu que par cela même qu'une antichrèse avait été établie pour sûreté d'une créance, cette créance devenait productive d'intérêts[1]. D'après l'opinion du savant professeur, la constitution d'antichrèse équivaudrait à une stipulation formelle d'intérêts. Cette opinion n'est pas soutenable. D'abord, elle est en opposition avec les règles générales sur le prêt à intérêts. Il résulte, en effet, des art. 1902, 1904, 1905, 1906, qu'il faut une stipulation formelle pour qu'il soit dû des intérêts. En serait-il autrement pour la constitution d'antichrèse? L'art. 2085 repousse cette idée. Ces mots : *s'il lui en est dû*, font tomber l'opinion de M. Proudhon. Les fruits peuvent donc être imputés directement sur le capital.

CHAPITRE II.

DES CONDITIONS DE VALIDITÉ DU CONTRAT D'ANTICHRÈSE ET DE SON EFFICACITÉ A L'ÉGARD DES TIERS.

Ce chapitre se divise naturellement en deux sections: Dans la première, nous examinerons les conditions de validité du contrat d'antichrèse; dans la seconde, nous examinerons les formalités requises par la loi pour faire produire à l'antichrèse des effets à l'égard des tiers.

SECTION PREMIÈRE.

CONDITIONS DE VALIDITÉ DU CONTRAT D'ANTICHRÈSE.

Pour constituer une antichrèse, il faut être propriétaire de l'immeuble et capable de l'aliéner[2].

Nous disons qu'il faut être propriétaire de l'immeuble. Cependant un

---

[1] Proudhon, *De l'usufruit*, I, 77.
[2] Aubry et Rau, § 437.

usufruitier pourrait valablement aussi constituer une antichrèse. On peut baser ce système sur différents articles du Code et principalement sur les art. 595 et 2118 du Code Napoléon. Du premier de ces articles résulte que l'usufruitier peut céder son droit, et de l'art. 2118 résulte qu'il peut constituer une hypothèque sur son droit.

Si l'usufruit est aliénable et susceptible d'hypothèque, il peut *a fortiori* être donné à antichrèse.

Ainsi, le mari usufruitier des biens de la dot, pourrait donner à antichrèse le fond dotal; mais, dans ce cas, l'antichrèse serait donnée sous la condition résolutoire de la séparation de biens[1].

Il faut, de plus, avons-nous dit, être capable de disposer de l'immeuble[2]. Ceci résulte de ce principe que l'antichrèse est un acte de disposition.

Ainsi, une femme mariée, une personne soumise à conseil judiciaire, ne peuvent constituer antichrèse qu'avec l'autorisation du mari et du conseil judiciaire. On peut, par analogie, appliquer ici les mêmes règles qu'en matière de constitution d'hypothèque.

Quant à la capacité de l'antichrésiste, c'est la capacité de Droit commun qui est exigée ici, c'est-à-dire la capacité de s'obliger.

Dans quelle forme le contrat d'antichrèse doit-il être rédigé? Ce contrat n'est soumis, pour sa validité entre les parties, à aucune forme spéciale, mais la preuve testimoniale n'en est pas admissible, même pour une valeur inférieure à cent cinquante francs. C'est ce qui résulte de l'art. 2085, portant : L'antichrèse ne s'établit que par écrit. Ces mots veulent-ils dire que, pour que l'antichrèse soit valable entre les parties, il faut un acte écrit? Nullement; ces mots nous apprennent seulement que, par exception à la règle générale consignée dans l'art. 1341 du Code Napoléon, il faut toujours un écrit pour faire preuve de l'antichrèse entre les parties. Ce mot *s'établit* veut dire *se prouve* et non *se constitue, se forme*. D'ailleurs, s'il pouvait s'élever le moindre doute

[1] Troplong, *Du nantissement*, §§ 518 et sv.
[2] Troplong, *ibid.*, § 519. Championère et Rigaud, t. IV, nos 3126, 3217.

sur ce point, les expressions de M. Berlier, orateur du gouvernement, dans son exposé des motifs, suffiraient pour montrer que, dans l'intention du législateur, l'art. 2085 n'avait pour but que de régler la preuve de l'antichrèse. *Sermo rei non res sermoni subjicitur.*

Venons maintenant à l'examen de quelques questions sur lesquelles la loi garde le silence et que la doctrine seule a résolues.

Une première question est de savoir si le juge pourrait admettre la preuve testimoniale de l'antichrèse, s'il y avait un commencement de preuve par écrit. Cette même question s'élève en matière de transaction. La transaction, comme l'antichrèse, ne peut être prouvée par témoins (C. Nap., art 2044), mais peut-elle être prouvée par témoins, alors qu'on a un commencement de preuve par écrit? Si la question, dans les deux cas, est la même, la réponse est bien différente.

En matière de transaction, la preuve testimoniale n'est jamais admissible, même avec un commencement de preuve par écrit, et ceci est très-rationnel. La transaction, en effet, doit toujours terminer un procès; il ne faudra donc pas qu'à l'occasion d'une transaction, un nouveau procès puisse surgir, car ce serait contraire au but même de la transaction.

Mais, en matière d'antichrèse, les mêmes motifs n'existent pas; on doit donc retomber sous l'empire de la règle générale en vertu de laquelle tout contrat, même celui dont l'objet serait d'une valeur supérieure à cent cinquante francs, peut être prouvé par témoins au moyen d'un commencement de preuve par écrit, réunissant les conditions tracées par l'art. 1347[1]. *A fortiori*, cette preuve devrait-elle être admise s'il y avait eu perte du titre (C. Nap., art. 1343)?

L'écriture n'étant exigée que pour la preuve, le détenteur pourra toujours déférer le serment à la partie adverse; il en serait de même de l'aveu. L'antichrèse pourra être prouvée contre le créancier par son aveu ou par son refus de prêter le serment que lui déférait le débiteur[2].

[1] Aubry et Rau, § 437.
[2] Duranton, XVIII, § 558.

Lorsque l'antichrèse aura été rédigée par écrit, nous croyons avec M. Duranton, qu'il n'aura pas besoin d'être fait en double original, La formalité du double original, telle qu'elle est établie par l'art. 1325 du Code Napoléon, ne s'applique qu'aux contrats parfaitement synallagmatiques, et l'antichrèse, comme le gage, n'est qu'un contrat imparfaitement synallagmatique.

SECTION II.

CONDITIONS D'EFFICACITÉ DU CONTRAT D'ANTICHRÈSE A L'ÉGARD DES TIERS.

Le Code Napoléon est muet sur ce point; la question devra donc se résoudre d'après les principes généraux du Droit. Nous croyons donc, avec MM. Aubry et Rau, que l'écrit devra avoir acquis date certaine par l'enregistrement (C. Nap., art. 1328. Arg. d'analogie, C. Nap., art. 2074).

MM. Delvincourt et Dalloz soutiennent l'opinion contraire : Suivant eux, l'antichrèse, n'ayant pas d'effet à l'égard des tiers, n'a pas besoin d'avoir date certaine. L'opinion de ces auteurs tient au système qu'ils ont adopté pour expliquer l'art. 2091, système que nous discuterons en expliquant cet article. Pour le moment, je me borne à dire que l'écrit devra avoir date certaine. En effet, toutes les fois que des tiers ont intérêt à rejeter le contrat qu'on leur oppose, il faut un écrit ayant acquis date certaine.

Depuis la loi du 23 mars 1855, une nouvelle condition est exigée. D'après les art. 2 et 3 de cette loi, le contrat d'antichrèse, pour être efficace à l'égard des tiers, est soumis, en outre, à la formalité de la transcription.

La loi nouvelle est donc plus exigeante que le Code Napoléon.

En ce qui concerne les jugements recognitifs d'antichrèse en vertu de conventions verbales, ils doivent aussi être transcrits.

En résumé, pour que l'antichrèse soit efficace à l'égard des tiers, il faut trois conditions : 1° Acte écrit ou jugement, 2° enregistrement de l'écrit; 3° transcription du titre.

CHAPITRE III.

DES DROITS DU CRÉANCIER SUR ANTICHRÈSE.

Ce chapitre, comme le précédent, se divisera en deux sections. La première sera consacrée à l'examen des droits du créancier à l'égard du débiteur. La seconde portera sur l'examen des droits qui appartiennent au créancier antichrésiste à l'égard des tiers.

SECTION PREMIÈRE.

DROITS DE L'ANTICHRÉSISTE CONTRE LE DÉBITEUR.

Le créancier antichrésiste est autorisé à retenir l'immeuble donné à antichrèse jusqu'au parfait paiement de la créance en principal, intérêts et frais (C. Nap., art. 2087).

Tant que le créancier reste en possession de l'immeuble, aucune prescription ne peut lui être opposée relativement à sa créance. En effet, la détention de l'immeuble forme de la part du débiteur une reconnaissance permanente de la dette, et, de plus, la perception des fruits constitue l'exercice de la créance [1].

Ce droit de rétention analogue à celui du gagiste est indivisible comme lui (C. Nap., art. 2090). De là résulte que l'antichrésiste a le droit de retenir la chose jusqu'au paiement intégral de la dette. Chaque partie de l'immeuble répond de chaque partie de la dette. Cette question, comme nous l'avons vu en parlant du gage, peut avoir un grand intérêt pratique quand le débiteur laisse plusieurs héritiers.

Cette matière soulève une question très-importante : Le 2e alinéa de l'art 2082 sur le droit de rétention accordé au créancier pour toutes les dettes contractées avec le même créancier postérieurement au premier nantissement, est-il applicable à l'antichrèse?

M. Duranton soutient l'affirmative [2]. Il invoque le Droit romain : mais

[1] Aubry et Rau, § 438.
[2] Duranton, XVIII, §§ 553 et sv.

ce Droit est peu de valeur dans une législation qui sur l'antichrèse a adopté des principes complétement différents de ceux du Droit romain.

Il s'appuie sur l'analogie, mais l'analogie n'est permise qu'autant que l'extension qu'on veut faire prévaloir n'est pas repoussée par le Droit commun et par les textes mêmes de la loi. Or, cette extension est contraire : 1° au Droit commun : qui voudrait, en effet, soutenir que l'alinéa 2 de l'art. 2082 n'est pas dérogatoire au principe : *Privilegia non extendenda sunt?* 2° il ressort de plusieurs dispositions du Code, et notamment des art. 2090, 2087, 2082, que cette extension serait contraire aux vues du législateur.

2° Le créancier a le droit de percevoir les fruits de l'immeuble, sauf l'imputation sur les intérêts et ensuite sur le capital, ou sur le capital seulement, si la créance n'est pas productive d'intérêts.

Ici se présente une question : Pourrait-on valablement stipuler que les fruits de l'immeuble se compenseront avec les intérêts? Les parties contractantes pourraient être facilement portées à faire une pareille stipulation ; en effet, une imputation peut donner lieu à de nombreuses difficultés, car un compte de fruits est toujours très-difficile à établir.

Sous l'empire du Code Napoléon, cette convention aurait été parfaitement valable, quelle qu'ait été la différence entre les fruits et les intérêts.

En effet, aucune limite n'existait à la faculté de stipuler des intérêts, aucun taux n'était fixé. La seule entrave qu'on avait apportée à cette liberté, était dans l'art. 1907, 2° alinéa, qui exigeait que les intérêts conventionnels fussent stipulés par écrit, faible barrière, il faut le dire, et devant laquelle ne s'arrêtaient guère les usuriers!

Mais aujourd'hui que la loi du 7 novembre 1807, en fixant le taux de l'intérêt à 5 % en matière civile, à 6 % en matière commerciale, est venu consacrer les vrais principes de l'économie politique tout en respectant les lois de la morale, la solution que nous énoncions tout à l'heure n'est plus admissible. Rien, en effet, ne serait plus facile pour faire l'usure. On ferait une compensation. Une pareille convention ne peut donc être admise d'une manière absolue. Si donc il y avait des différences notables entre le montant des fruits et le montant des intérêts, l'excédant devrait, sous peine d'usure, être imputé sur le capital. Mais pour cela il faudrait une différence notable; une minime différence ne suffirait pas et ne pourrait être prise en considération par les tribunaux. Ee pareil cas, les tribunaux saisis de la contestation pourraient ou rejeter totalement la convention, ou faire imputer l'excédant sur le capital. Cette opinion était déjà admise dans notre ancienne jurisprudence, dans les pays où le contrat d'antichrèse n'était pas prohibé[1].

Le créancier pourrait-il stipuler qu'à défaut de paiement, il demeurera propriétaire de l'immeuble; en d'autres termes, le pacte commissoire est-il licite en matière d'antichrèse? Non. Quoique l'art. 2090 ne renvoie pas à l'art. 2078, l'esprit de la loi montre suffisamment que ce pacte n'est pas licite; autrement le but que le législateur a voulu atteindre serait complétement manqué.

L'art. 2088 n'accorde au créancier que le droit de poursuivre le débiteur en expropriation forcée. Sous ce rapport, l'antichrèse est mise sur la même ligne qu'un créancier chirographaire pur et simple.

En comparant l'art. 2088 à l'art. 2078, on peut se demander si le créancier sur antichrèse ne jouit pas de l'alternative accordée par l'art. 2078 au créancier gagiste, c'est-à-dire s'il ne peut pas demander qu'on lui attribue la chose ou qu'on la vende aux enchères.

Malgré l'opinion contraire de quelques auteurs et les décisions de quelques arrêts, je crois que sous l'empire du Code Napoléon une pareille demande eût pu être valablement admise par les tribunaux, si d'ailleurs il y avait eu stipulation sur ce point entre le débiteur et le créancier.

Mais aujourd'hui cette demande ne serait plus admissible, alors même qu'il aurait été convenu que faute de paiement le créancier pourra demander au juge à se faire attribuer la chose ou à la faire

[1] Troplong, n° 86. Delvincourt, t. III, p. 445. Le Clerc, t. VII, p. 183. Pruodhon, t. I, n°s 73 et 83. Duranton, n° 556. Duvergier, *Prêt*, n° 267. Troplong, *Du prêt*, n° 389.

vendre aux enchères publiques. C'est la loi du 2 juin 1841 sur les ventes judiciaires des biens immeubles qui a établi cette prohibition. L'art. 742 du Code de procédure contient la nouvelle disposition, il dit : Toute convention portant qu'à défaut d'exécution des engagements pris envers lui, le créancier aura le droit de faire vendre les immeubles de son débiteur, sans remplir les formalités prescrites pour la saisie immobilière, est nulle et non avenue. La généralité des termes de cet article ne laisse subsister aucun doute sur la question qui nous occupe. Avant la promulgation de cet article, cette clause, connue en pratique sous le nom ed *clause de voie parée,* était fréquente. La jurisprudence était vacillante sur le point de savoir si cette clause était nulle ou valable; enfin, elle s'était prononcée dans le sens de la validité de cette stipulation. Cette jurisprudence était conforme aux vrais principes de la raison et de l'équité : les intérêts du débiteur étaient parfaitement garantis par les formes protectrices de la justice. C'est à tort qu'en 1841 le législateur est revenu sur cette idée. La disposition de l'art. 742 ne se justifie pas, elle n'est qu'une entrave de plus apportée à la liberté des conventions. Le créancier antichrésiste doit donc, sous la loi nouvelle, recourir nécessairement à la voie de l'expropriation forcée.

Examinons maintenant d'une manière plus intime quelle est la nature du droit de perception des fruits compétant au créancier. Est-ce un droit réel comme l'usufruit? est-ce un droit personnel comme le bail?

L'unanimité des auteurs est d'accord pour reconnaître que le droit de perception des fruits ne saurait être considéré comme un droit réel[1]. En effet, l'art. 543 indique limitativement les droits réels; ce sont, aux termes de cet article, le droit de propriété, le droit de jouissance ou d'usufruit, et les services fonciers. L'antichrèse n'est pas comprise dans cette énumération, il faut donc en conclure que ce n'est pas un droit réel[2]. Ce qui d'ailleurs ne peut laisser aucun doute sur ce point,

[1] Aubry et Rau, nº 438.

[2] M. Paul Pont, continuateur de Marcadé, soutient dans son *Commentaire des priviléges et hypothèques* que l'antichrèse est un droit réel par cela même qu'elle est opposable aux tiers. Mais ces deux idées ne sont nullement contradictoires, comme nous le démontreront.

est que ce droit s'éteint par la perte de la possession; or, le droit de suite est le caractère essentiel de tout droit réel. Si l'antichrèse n'est pas un droit réel, c'est nécessairement un droit personnel, mais d'une nature toute particulière, comme le droit de bail.

Cette assimilation de l'antichrèse au bail est incontestable; elle nous fournit les moyens de résoudre plusieurs questions qui s'élèvent notamment quand l'antichrèse se trouve en rapport avec les tiers, c'est ce que nous allons examiner dans la deuxième section de ce chapitre.

SECTION II.

DROITS DE L'ANTICHRÉSISTE VIS-A-VIS DES TIERS.

Dans cette section nous examinerons deux questions très-importantes et très-controversées.

1° Quels sont les droits du créancier antichrésiste en collision avec un acquéreur?

L'après l'art. 1743 du Code Napoléon, si le bailleur vend la chose louée, l'acquéreur ne peut expulser le fermier ou le locataire qui a un bail authentique ou dont la date est certaine, à moins qu'il ne se soit réservé ce droit par le contrat de bail, c'est là une conséquence de la règle *Nemo plus jus in alium transferre potest quam ipse habet*. Nous croyons, en raison de l'assimilation que nous avons établie, que l'art. 1743 est parfaitement applicable à l'antichrèse. De même que le droit de bail peut s'exercer contre tous les ayants cause du bailleur, de même le droit d'antichrèse peut s'exercer contre tous les ayants cause du débiteur. Dans l'antichrèse comme dans le bail, le propriétaire restreint, sinon son droit, du moins l'exercice de son droit de propriété.

2° Quels sont les droits du créancier sur antichrèse vis-à-vis des créanciers hypothécaires? Nous résoudrons cette question d'après l'assimilation que nous avons établie entre le bail et l'antichrèse.

Un immeuble soumis à antichrèse au profit de Primus est hypothéqué à Secundus. A qui donnera-t-on la préférence? Sera-ce au créancier antichrésiste ou au créancier hypothécaire? En résolvant la ques-

tion d'après la nature du droit, il semble que ce devrait être le créancier hypothécaire, le droit réel devant toujours l'emporter sur le droit
personnel; mais cette proposition serait complétement inexacte et en
désaccord avec les principes que nous venons d'établir.

En effet, si le propriétaire, qui a un droit absolu et illimité sur sa
chose, est tenu de respecter le créancier antichrésiste, de même que
l'acquéreur est tenu de respecter le bail, *a fortiori*, le créancier hypothécaire sera tenu de respecter le droit d'antichrèse, si ce droit a été an-
térieurement consenti.

Ce n'est donc point par la nature du droit, mais par l'antériorité du
droit que devra se résoudre, en pareil cas, la question que nous examinons[1]. Les deux solutions que nous venons de donner sont rejetées
d'une manière absolue par MM. Troplong, Dalloz et Delvincourt. Ces
auteurs soutiennent que l'antichrèse ne peut produire aucun effet à l'é-
gard des tiers, que, par conséquent, l'antichrèse ne peut opposer son
droit ni à l'acquéreur, ni aux créanciers hypothécaires[2].

L'argumentation de ces auteurs repose sur deux idées bien distinctes :
L'antichrèse ne confère aucun droit réel au créancier; dès lors, comment admettre que le droit d'antichrèse puisse l'emporter sur le droit
de propriété de l'acquéreur?

En second lieu, le créancier sur antichrèse n'a qu'un droit de rétention; or, le droit de rétention ne peut jamais être opposé aux tiers; il
ne donne au créancier qu'une exception de dol contre le débiteur.
Quelque graves que puissent paraître ces objections, elles tombent
quand on se rapporte au texte de la loi et à l'intention du législateur.

La loi du 23 mars 1855 sur la transcription (art. 2, 8) exige, comme
nous l'avons vu, que l'antichrèse soit transcrite au bureau de la conser-

---

[1] Proudhon, *Usufruit*, t. I, nᵒˢ 90 et sv. Duranton, t. XVIII, nᵒ 560. Rolland de Villargues, vᵒ *Antichrèse*. Valette, *Des priviléges et hypothèques*, nᵒ 7. Charlemagne, *En-
cyclop. du Droit*, vᵒ *Antichrèse*, nᵒ 37. Mourlon, *Comment. critique et pratique*, nᵒ 228.

[2] Troplong, *Du nantissement*, nᵒˢ 448 et sv., 476 et sv. Delvincourt, t. III, p. 212.
Dalloz, vᵒ *Gage*.

vation des hypothèques. Certes, si cette disposition ne signifiait pas que l'antichrèse peut produire des effets à l'encontre des tiers, il faudrait admettre qu'elle a été inscrite dans la loi par hasard ou par inadvertance.

Enfin, que deviendrait l'antichrèse dans le système que nous combattons? Une garantie qui n'en serait pas une, une garantie que le débiteur pourrait, à son gré et selon son caprice, faire disparaître et évanouir au mépris des droits acquis[1]. Voyons la loi sanctionner dans ces dispositions le système que nous avons admis.

L'art. 2091 porte: Tout ce qui est statué au présent chapitre ne préjudice point aux droits que des tiers pourraient avoir sur le fonds de l'immeuble remis à titre d'antichrèse.

Ainsi, quand une antichrèse est constituée sur un immeuble déjà hypothéqué, la constitution d'antichrèse ne peut porter aucune atteinte à l'hypothèque. Il est vrai que M. Delvincourt n'interprète pas ainsi cette disposition. Selon lui, elle signifierait que l'antichrèse ne pourra porter atteinte aux droits hypothécaires constitués même après l'antichrèse; car autrement, dit-il, la disposition était inutile, la chose s'entendant d'elle-même.

Cette interprétation ne peut être admise. Le législateur n'a voulu, dans l'art. 2091, que rappeler un principe général qui domine toute la théorie de la propriété: *Nemo plus juris in alium transferre potest quam ipse habet.* Il résulte *a contrario* de l'art. 2091 que si le droit d'antichrèse était premier en date, le droit d'hypothèque ne pourrait porter atteinte au droit du créancier antichrésiste.

Une application remarquable de ce principe a lieu en matière d'immobilisation des fruits.

D'après l'art. 682 du Code de procédure, les fruits naturels et industriels recueillis postérieurement à la transcription de la saisie, ou le prix qui en proviendra, seront immobilisés pour être distribués avec le prix de l'immeuble par ordre d'hypothèque.

[1] Paul Pont, *Priviléges et hypothèques*, § 22.

Si l'hypothèque est antérieure à la constitution d'antichrèse, les fruits de l'immeuble hypothéqué sont-ils immobilisés à partir de la transcription, sans que le créancier antichrésiste puisse s'y opposer ? Oui, sans doute; car le débiteur n'a pas pu, en constituant antichrèse, nuire au droit éventuel d'immobilisation compétant aux créanciers hypothécaires. Ceux-ci puisent ce droit, non pas dans la transcription, mais dans l'inscription hypothécaire qu'ils ont prise. De là résulte aussi, par voie de conséquence, que le créancier sur antichrèse ne pourra se refuser à abandonner l'immeuble aux créanciers hypothécaires antérieurs à lui.

Nous venons d'examiner le cas où l'antichrèse est postérieure à l'hypothèque, occupons-nous maintenant du cas où elle est antérieure à l'hypothèque. Il est évident que toutes les conséquences que nous avons énoncées devront être prises en sens inverse. Ainsi, les créanciers hypothécaires ne pourront pas prétendre à l'immobilisation des fruits ; ils ne pourront exiger que le créancier abandonne l'immeuble sur lequel il a un droit de rétention. Mais ce sont là les seuls droits que le créancier antichrésiste pourra faire valoir contre les tiers. Il n'a pas, comme le créancier gagiste, un droit de préférence sur le prix de l'immeuble affecté à la sûreté de sa créance [1].

Le droit d'antichrèse s'éteint avec la possession de l'immeuble.

Cette proposition résulte de la nature même de l'antichrèse qui n'est qu'un nantissement.

Toutefois, la conséquence que nous venons de tirer des principes mêmes du nantissement ne s'applique qu'au cas où la perte de possession est volontaire de la part de l'antichrésiste. Mais, si la possession vient à se perdre involontairement, par violence ou par usurpation, quels seront, en pareil cas, les remèdes qu'on accordera au créancier? Le créancier aura-t-il, pour réclamer la chose, l'action réelle pétitoire ou au moins l'action possessoire ? Nous pensons que le créancier antichrésiste ne jouira ni de l'une ni de l'autre de ces deux actions : il n'aura

[1] Aubry et Rau, § 438.

pas d'action pétitoire, car son droit n'est pas un droit réel; il n'aura pas d'action possessoire, car il ne possède pas pour lui, il ne possède que pour autrui ; il n'est, comme le fermier, qu'un simple détenteur précaire.

Quel sera donc, dans l'hypothèse qui nous occupe, le remède que l'on accordera à l'antichrésiste pour récupérer la possession ? Il faut ici admettre la même distinction que nous faisions en ce qui concerne le créancier gagiste : si c'est le débiteur qui détient l'immeuble, il agira contre lui par l'action naissant du contrat d'antichrèse, action purement personnelle, comme celle qui résulte du gage. Au contraire, si l'immeuble se trouve entre les mains d'un tiers possesseur, il ne restera au créancier d'autre ressource que le bénéfice de l'art. 1382 du Code Napoléon, par lequel tout fait quelconque de l'homme qui cause à autrui un dommage oblige celui par la faute duquel il est arrivé à le réparer. Grâce à cette action, le créancier se fera remettre en possession de l'immeuble qu'il avait perdu.

CHAPITRE IV.

OBLIGATIONS DU CRÉANCIER ANTICHRÉSISTE.

Les obligations du créancier antichrésiste sont au nombre de trois : 1° Il est tenu d'administrer en bon père de famille l'immeuble qui lui est engagé. L'art. 2080 est ici applicable par identité de motifs. Les mêmes explications données à propos du gage pourraient être répétées ici. De là résulte cette première conséquence qu'il doit veiller à l'immeuble sous peine de tous dommages-intérêts et même sous peine de retrait de l'immeuble donné à antichrèse; c'est ce qui résulte par argument *a pari* de l'art. 2082, 1er alin., et par argument *a fortiori* de l'art. 618, 1er alin. En effet, si l'usufruit qui est un droit réel s'éteint par l'abus résultant de fautes positives ou négatives, à plus forte raison en sera-t-il de même du droit d'antichrèse, simple droit personnel. Comme deuxième conséquence de cette idée résulte que le créancier

doit également, sous peine de dommages-intérêts, pourvoir à l'entre-
tien et aux réparations utiles et nécessaires de l'immeuble, sauf à pré-
lever sur les fruits toutes les dépenses relatives à ces divers objets (C.
Nap., art. 2086 , 2ᵉ alin.). Cette disposition, claire par elle-même, n'a
pas besoin d'explications.

2° Le créancier doit payer les contributions et charges annuelles de
l'immeuble, à moins de stipulations contraires (C. Nap., art. 2086,
1ᵉʳ alin.). Ceci est parfaitement rationnel, puisque les contributions sont
toujours considérées comme charge des fruits : *Fructus non intelligun-
tur nisi deductis impensis* [1].

3° Le créancier doit restituer l'immeuble après l'entier acquittement
de la dette. On entend, sous cette expression, les intérêts et les frais,
s'il en était dû, comme dans le cas du gage proprement dit. Toutefois,
le deuxième alinéa de l'art. 2085 du Code Napoléon contient une dérogation à cette règle : le créancier qui veut se décharger des obligations
exprimées en l'article précédent peut toujours, à moins qu'il n'ait re-
noncé à ce droit, contraindre le débiteur à reprendre la jouissance de
son immeuble.

Cette disposition est de toute justice. En effet, il pourrait arriver que
les charges annuelles fussent supérieures au fruit de l'immeuble ; alors
le créancier n'aurait aucun intérêt à rester en possession. On applique
en pareil cas la règle : *Cuique licet his quæ pro se introducta sunt re-
nuntiare* [2].

Il nous reste maintenant une dernière question à examiner. Elle concerne la durée de l'action en restitution du débiteur. D'abord, il est
évident que, tant que la dette n'est pas payée, cette action n'est pas
soumise à prescription : *Contra agere non valentem non currit prescrip-
tio*. D'ailleurs, la présomption de négligence qui est le fondement de la
prescription n'existe pas ici.

[1] Troplong, n° 539. Proudhon, *De l'usufruit*, t. I , n° 78.
[2] Delvincourt, *De usuris. Disc.*, 9 , nᵒˢ 1, 9, 10, 11. Duranton, n° 564. Troplong,
n° 554.

Mais je dis même qu'après le paiement de la dette, l'action du débiteur est imprescriptible tant qu'il n'y a pas eu interversion dans la possession du créancier. En effet, quand on a commencé à posséder pour autrui, on est toujours présumé posséder au même titre, et le détenteur précaire ne peut jamais prescrire.

Cependant on peut faire cette objection : sans doute, avant le paiement de la dette, on comprend que le créancier est un détenteur précaire ; mais, une fois la dette payée, ne peut-on pas dire qu'il cesse d'être détenteur précaire, qu'il a commencé à posséder pour lui et par conséquent qu'il a pu prescrire ? Cette argumentation tombe devant le texte formel de l'art. 2231 du Code Napoléon. L'interversion de possession seule, telle qu'elle est établie par la loi, peut donner à l'antichrésiste le droit de prescrire, comme elle le donne au locataire[1].

Ces causes d'interversion, admises par la loi, sont au nombre de deux : elles sont indiquées dans l'art. 2238. Néanmoins, dit cet article, les personnes énoncées dans les art. 2236 et 2237 peuvent prescrire si le titre de leur possession se trouve interverti, soit par une cause venant d'un tiers, soit par la contradiction qu'elles ont opposé aux droits du propriétaire. Ce sont là les deux seuls moyens à l'aide desquels l'interversion de possession peut avoir lieu. Ainsi, l'antichrésiste se fait passer une vente par un tiers ; il possède alors en vertu de l'acte de vente qu'il a passé. D'un autre côté, si, après avoir été payé, le créancier refusait de restituer l'immeuble, sous prétexte que cet immeuble lui appartient, qu'il ait fait signifier des conclusions conformes, il y aura interversion de possession.

Dans l'un comme dans l'autre cas, le créancier antichrésiste pourra arriver à l'usucapion.

[1] Aubry et Rau, § 439.

DROIT COMMERCIAL.

De l'apposition des scellés et des premières dispositions à l'égard de la personne du failli.

INTRODUCTION.

La faillite est la plus grande plaie du commerce : Elle ébranle et tue le crédit qui est le nerf des transactions commerciales. A sa suite, on voit la défiance et la misère succéder au crédit et à la richesse, et les plus fortes maisons de commerce, dont l'existence se lie intimement à la prospérité publique, s'écrouler, entraînant dans leurs ruines des familles entières.

En présence de ces catastrophes commerciales, quel est le devoir du législateur? Il semble tout d'abord qu'il doive chercher à prévenir autant que possible le retour de ces calamités, mais l'expérience suffit pour démontrer que ces moyens seraient toujours inefficaces. Comment, en effet, vouloir prévenir des faits qui tiennent à des causes si multiples et souvent insaisissables?

La tâche du législateur est donc, par la force même des choses, nécessairement bornée à diminuer, dans la mesure de ses forces, le malheur des créanciers, en centralisant la faillite, en accélérant les opérations dont la longueur ne pourrait qu'entraîner des frais.

Le législateur dans cette matière doit se proposer un triple but : 1° protéger les intérêts des créanciers; 2° ne pas abandonner le failli s'il est de bonne foi; 3° réprimer la fraude et la mauvaise foi quand elles sont la cause ou l'occasion de la faillite.

Le Code de 1807 présentait de graves inconvénients : Dès la promulgation de cette loi, des plaintes multipliées s'étaient élevées contre les vices nombreux qu'elle présentait, contre les abus qu'elle faisait naître. Ces abus provenaient surtout de l'habitude qu'avaient prise les syndics de ne plus rendre leurs comptes; enfin, la sévérité dont était empreinte la plupart de ses dépositions faisait violer la loi : On acquittait le failli pour ne point le condamner d'une manière trop excessive.

La loi qu'on attendait depuis longtemps ne fut rendue qu'en 1838. Cette loi offre un grand nombre d'améliorations. Elle cherche surtout à restreindre les pouvoirs des syndics, à diminuer les frais des opérations, à corriger la sévérité des dispositions de l'ancien code.

Mais quelques perfectionnements qu'elle ait introduits, elle présente encore des vices nombreux.

L'ancienne loi était trop sévère; on peut reprocher à la loi de 1838 d'être tombée dans l'excès contraire. Cette indulgence que le législateur montre pour le failli se fait sentir dès les premières mesures qu'il ordonne de prendre après la déclaration de faillite.

Ces premières mesures sont : l'apposition des scellés et la conservation de la personne du failli. Elles forment l'objet de ce travail.

Nous n'avons à traiter ici que la matière formant l'objet du chapitre III du livre troisième.

Ce chapitre contient sept articles, il est intitulé dans le Code: *De l'apposition des scellés et des premières dispositions à l'égard de la personne du failli.*

Cette rubrique est incomplète; car le législateur, dans l'art. 461, parle en outre de certaines dispositions générales qui ne rentrent point spécialement dans les matières dont traitent les articles précédents.

Nous diviserons donc ce travail en trois parties. Dans la première partie nous traiterons de l'apposition des scellés; dans la seconde, nous traiterons des premières dispositions à l'égard de la personne du failli;

enfin, dans une troisième partie intitulée : *Dispositions générales,* nous expliquerons l'art. 461.

PREMIÈRE PARTIE.

DE L'APPOSITION DES SCELLÉS.

L'apposition des scellés est une mesure des plus urgentes dans une faillite. Il est à craindre, en effet, que le gage des créanciers ne soit gravement compromis par des distractions et des détournements frauduleux. La loi a dû protéger l'intérêt des créanciers absents et prescrire des mesures propres à assurer l'exécution de ses dispositions. L'apposition des scellés est un moyen matériel de conservation des biens du failli ; c'est une main-mise judiciaire qui a pour but de réaliser en fait la dépossession qui est, en Droit, la conséquence de l'état de faillite[1].

Le même jugement qui déclare la faillite doit en même temps ordonner l'apposition des scellés. Le tribunal est toujours obligé, sous peine de violation de la loi, de prononcer cette mesure dans son jugement déclaratif.

Mais, si le jugement doit nécessairement prononcer l'apposition des scellés, résulte-t-il de là que cette apposition devra avoir lieu dans tous les cas? L'affirmative était consacrée par le Code de 1807, qui ne faisait aucune distinction.

La loi de 1838 est plus sage et plus rationnelle: L'alinéa 2 de l'art. 455 prévoit un cas où les scellés sont jugés inutiles, c'est lorsque le juge-commissaire estime que l'actif du failli peut être inventorié en un seul jour.

Cette exception est due à la volonté d'économiser les frais, surtout dans les petites faillites, qui n'en sont déjà que trop surchargées[2].

C'est au juge-commissaire, c'est-à-dire à l'homme qui est le mieux au courant du caractère et des résultats probables de la faillite, que la

[1] Bedarride, *Traité des faillites et banqueroutes,* t. I, § 168.
[2] Bedarride, *Traité des faillites et banqueroutes,* t. I, § 171.

loi confère le droit de décider si l'inventaire peut se faire en vingt-quatre heures. L'ordonnance qu'il rendra à cet effet ne sera pas susceptible de recours, en vertu de l'art. 453 du Code de commerce.

Cette exception paraît au premier abord porter atteinte au principe de l'autorité de la chose jugée. Le jugement devra, dans tous les cas, déclarer l'apposition des scellés, et cependant le juge-commissaire peut se soustraire légalement à cette disposition du jugement par une simple ordonnance!

Pour concilier ces deux idées, il faut admettre que le chef du jugement portant apposition des scellés est conditionnel, c'est-à-dire subordonné au cas où le juge-commissaire serait d'avis que l'actif du failli peut être inventorié en un seul jour.

Dans l'hypothèse qui nous occupe, les biens du failli devront être immédiatement inventoriés.

A la différence de l'apposition des scellés, qui n'est qu'un moyen matériel de conservation, l'inventaire est un moyen juridique de conservation, il a pour effet de mettre à la charge des syndics les biens du débiteur failli.

Nous n'avons pas à nous occuper ici des formes de l'inventaire, telles qu'elles sont tracées dans l'art. 480 du Code de commerce; bornons-nous à dire que la loi, pour économiser les frais, a chargé les syndics de faire eux-mêmes l'inventaire. Mais, comme l'inventaire est rédigé contre les syndics, qu'il charge leur responsabilité, il fallait nécessairement donner une garantie aux tiers intéressés. Voilà pourquoi la loi fait intervenir le juge de paix que ses fonctions appellent déjà dans la maison du failli. Chargé de lever les scellés, c'est lui qui assistera à l'inventaire à mesure que les objets enlevés des scellés sont portés dans l'inventaire, et qui le signera à chaque vacation. Le tout se fait en présence du failli ou lui dûment appelé (C. de comm., art. 479). On a agité la question de savoir si, dans l'hypothèse qui nous occupe, où le juge-commissaire a statué qu'il n'apposerait pas les scellés, l'inventaire devait être fait en présence du juge de paix.

M. Renouard, dans son *Traité des faillites et banqueroutes*[1], se fondant sur deux ordonnances de référé du président du tribunal civil de la Seine, soutient la négative.

Nous ne croyons pas que cette opinion soit la véritable. Nous invoquons l'esprit de la loi : Il faut de toute nécessité que les créanciers aient une garantie, on ne peut pas laisser la rédaction de l'inventaire à la disposition exclusive des syndics.

On objecte que l'art. 479 exige que le failli soit présent à l'inventaire. Je réponds que le failli peut n'être pas présent, il suffit de l'avoir dûment appelé, cette garantie peut donc manquer. Ensuite, la présence du failli n'offre pas beaucoup de garantie : Le failli n'est pas appelé par la loi pour garantir les intérêts des créanciers, mais pour garantir ses propres intérêts, il pourrait même être de connivence avec les syndics, la plupart du temps créanciers eux-mêmes, et tromper ainsi les autres créanciers en leur enlevant une partie de leur gage.

La loi appelle le juge de paix pour deux choses : 1° pour apposer les scellés; 2° pour assister à l'inventaire ; or, aucune disposition légale ne dispense le juge de paix, dans ce cas particulier, d'assister à l'inventaire. *Lex statuit de eo quod fit plerumque.*

L'exception que nous venons de voir est-elle le seul cas où l'apposition des scellés n'est pas indispensable?

Nous croyons avec M. Bedarride[2] que si, avant la déclaration de faillite, le mobilier et les marchandises du failli avaient été saisis à la requête d'un des créanciers, l'apposition des scellés serait inutile.

En effet, qu'a voulu la loi? Assurer la conservation matérielle ou juridique des biens du failli; or, du moment où l'huissier poursuivant aura dressé procès-verbal, où un séquestre aura été nommé, ce procès-verbal, assimilé à un véritable inventaire, et la responsabilité qui pèse sur le séquestre excluent toute possibilité de détournements ultérieurs.

---

[1] Renouard, t. I, p. 390.
[2] Bedarride, *Traité des faillites et des banqueroutes*, t. I, § 170.

Voyons maintenant les mesures à prendre pour assurer la prompte exécution des dispositions de la loi.

L'art. 457 du Code de commerce veut que le greffier du tribunal de commerce adresse sur-le-champ au juge de paix avis de la disposition du jugement qui aura ordonné l'apposition des scellés.

Il y a là une innovation heureuse introduite par la loi de 1838.

Sous le Code de 1807, le greffier était tenu d'envoyer l'expédition du jugement même (art. 449)

Cette mesure avait de grands inconvénients ; elle entraînait des retards, elle occasionnait des frais. De bonne heure l'usage avait dérogé à la loi : le président du tribunal de commerce envoyait d'ordinaire officieusement au juge de paix une lettre pour lui enjoindre d'apposer les scellés. Cette lettre n'était pas authentique. Après l'envoi de cette lettre, le greffier envoyait l'expédition du jugement pour la régularité de l'opération.

Cette pratique évitait les retards ; mais elle entraînait des frais véritablement frustratoires. Le Code actuel a remédié à ces inconvénients ; il exige un simple avis émané du greffier du tribunal de commerce.

Cet avis doit être envoyé sur-le-champ ; de là résulte qu'on n'a pas besoin d'attendre la signature, l'enregistrement du jugement ; car toutes ces formalités exigent du temps ; et, dans ce moment, un retard peut occasionner les plus grands préjudices.

Cet avis, dit l'art. 457, devra être adressé au juge de paix. Ce n'est pas sans intention que le législateur a employé cette expression assez vague. L'esprit de la loi prouve, en effet, que ce n'est pas seulement au juge de paix de la résidence du failli que l'on devra envoyer l'avis, mais encore aux juges de paix des lieux où le failli aurait des établissements et des dépôts quelconques.

La loi a prévu le cas où le juge de paix, instruit directement par la notoriété publique, pourrait lui-même, d'office, apposer les scellés ; *proprio motu*. Mais elle a, avec raison, circonscrit ce pouvoir dans de sages limites limites que n'avait pas tracées le législateur de 1807.

Sous l'empire de ce Code, le juge de paix, uniquement averti par la notoriété publique, pouvait, d'office, apposer les scellés (ancien art. 450).

C'était là une arme dangereuse mise entre les mains du juge de paix, et dont l'usage fait à tort pouvait blesser mortellement le crédit d'un négociant[1].

Sous le Code actuel, il n'existe que deux circonstances dans lesquelles le juge de paix, averti par la notoriété publique, peut, sans avoir reçu d'avis, procéder à une apposition des scellés : 1° quand le débiteur a disparu ; 2° quand il y a détournement de tout ou partie de l'actif.

Rien de plus juste que ces dispositions. La disparition d'un débiteur que la notoriété publique accuse de faillite élève contre lui de graves et sérieuses présomptions ; il en est de même du détournement, peu importe d'ailleurs par qui le détournement a été fait, par le débiteur ou par des tiers ; la loi ne distingue pas, et il n'y a pas lieu de distinguer[2].

Dans ces diverses circonstances, le juge de paix *peut* apposer les scellés.

C'est donc de sa part une pure faculté ; il est souverain appréciateur des faits et, alors même que les parties intéressées prouveraient d'une manière évidente qu'il y a faillite, il ne serait pas tenu d'obtempérer à leurs réquisitions ; les créanciers éconduits n'auraient, dans ce cas d'autre voie à prendre que celle de provoquer la déclaration de faillite[3].

Le juge de paix ne devra jamais oublier que le législateur n'élève dans l'art. 457 que des présomptions de faillite, et n'usera de ce pouvoir qu'avec une extrême circonspection.

Si le tribunal de commerce se trouve dans le même lieu, il arrivera rarement que le juge de paix ne soit pas informé immédiatement du jugement d'apposition des scellés ; aussi cette mesure ne devra-t-elle ordinairement être prise que là où il n'existe pas de tribunal de commerce.

[1] Renouard, *Traité des faillites et banqueroutes*, t. I, p. 391.
[2] Renouard, *Traité des faillites et banqueroutes*, t. I, p. 391.
[3] Bedarride, *Traité des faillites et banqueroutes*, t. I, § 190.

Quand les scellés ont été apposés d'office et qu'ensuite intervient le jugement déclaratif de faillite, ce jugement ne devra plus contenir l'ordre d'apposer les scellés.

Voyons maintenant quels sont les objets sur lesquels les scellés doivent être apposés.

L'art. 458 dit : Les scellés seront apposés sur les magasins, comptoirs, caisses, portefeuilles, livres, papiers, meubles et effets du failli.

Cette énumération est loin d'être limitative; il est certain, en se reportant à l'esprit de la loi, que ces scellés doivent être apposés sur toutes les valeurs susceptibles d'être détournées. Ainsi, si un fabricant tombe en faillite, nul doute que les scellés ne doivent être apposés sur les ateliers.

La loi parle des magasins. Il est évident que, si des marchandises appartenant au failli étaient enfermées dans les magasins d'un tiers, les scellés devraient être mis sur les marchandises et non sur les magasins [1].

Les scellés devront être apposés non-seulement sur les valeurs situées dans la résidence du failli, mais dans tous les lieux où celui-ci aura des établissements, des magasins ou des dépôts de marchandises.

En conséquence, si le greffier du tribunal n'avait pas prévenu les autres juges de paix, le juge de paix de la résidence du failli devrait en informer ses collègues.

Sur quels objets devront être apposés les scellés en cas de faillite d'une société commerciale?

La loi statue pour l'hypothèse où une société en nom collectif tombe en faillite. Dans ce cas, les scellés seront apposés non-seulement dans le siége principal de la société, mais encore dans le domicile séparé de chacun des associés solidaires.

Cette proposition n'est qu'une application de ce principe qu'en cas de faillite d'une société en nom collectif, tous les associés tombent éga-

[1] Renouard, *Traité des faillites et des banqueroutes*, t. I, p. 392.

lement en faillite. Mais *quid* en cas de faillite d'une société en commandite, d'une société anonyme ou d'une association en participation?

Quant à l'association en participation, il ne peut être question de
faillite, puisque cette société n'existe pas au regard du public.

Pour la société anonyme, les scellés ne seront apposés qu'au siége
principal de la société; mais ils pourraient être apposés sur les valeurs
et documents de la société dont les administrateurs se trouveraient
porteurs.

Enfin, en cas de faillite d'une société en commandite, on ne peut
apposer les scellés que sur les effets des associés solidaires et en nom,
mais non point sur les effets des commanditaires. Ceux-ci, en effet,
ne sont point solidairement responsables, tout ce que les créanciers
peuvent exiger d'eux, c'est que leur mise soit versée.

On a agité la question de savoir si les commanditaires qui se seraient
immiscés dans la gestion pouvaient être soumis *ipso facto* à la mesure
réglementaire de l'apposition des scellés, leur immixtion les rendant
solidairement responsables.

La question ne peut se résoudre d'une manière absolue; il faut distinguer si les commanditaires ont été ou n'ont pas encore été condamnés comme débiteurs purs et simples.

S'ils n'ont pas encore été condamnés, on ne peut pas les soumettre
à une mesure qui n'est que la conséquence d'une peine qu'ils n'ont pas
encore encourue; mais s'ils ont été condamnés comme débiteurs purs
et simples, ils subiront la loi commune à tous les associés purs et
simples.

Les scellés seront apposés dans la forme et de la manière indiquées
par les art. 907 à 925 du Code de procédure civile.

Vient enfin la disposition finale de l'art. 458 qui porte : Dans tous
les cas, le juge de paix donnera, sans délai, au président du tribunal
de commerce avis de l'apposition des scellés.

Ici encore, par mesure d'économie, la loi se contente d'un simple

9

avis, elle n'exige plus, comme le Code de 1807, l'envoi du procès-verbal d'apposition des scellés.

DEUXIÈME PARTIE.

DES PREMIÈRES DISPOSITIONS A L'ÉGARD DE LA PERSONNE DU FAILLI.

Le Code de 1807 contenait dans son art. 455 la disposition suivante : Le tribunal ordonnera ou le dépôt de la personne du failli dans la maison d'arrêt pour dettes, ou la garde de sa personne par un officier de police ou de justice, ou par un gendarme.

C'est sur les observations de l'empereur que cette disposition avait été introduite dans le Code.

« Dans les mœurs actuelles, disait l'empereur avec cet esprit d'observation et ce tact pratique qu'il montrait dans les matières les plus étrangères à ses études, dans les mœurs actuelles, la sévérité devient nécessaire; les banqueroutes servent la fortune sans faire perdre l'honneur, et voilà ce qu'il importe de détruire. Qu'un failli n'affecte plus un air de triomphe ou du moins d'indifférence, qu'il se présente du moins en public avec l'abattement d'un homme auquel il est arrivé un grand malheur, et, puisque les habitudes de la vie ont pris une direction différente, il faut les changer; l'incarcération du failli opérera cet effet. »

La loi nouvelle a adopté ces précédents, mais nous verrons bientôt quels tempéraments elle y a apportés.

La disposition de l'art. 455, qui reproduit l'ancien art. 455 du Code de 1807, est fondé sur un triple motif : La loi prescrit ces dispositions dans l'intérêt de la vindicte publique, dans l'intérêt de la faillite, dans l'intérêt des créanciers.

Dans l'intérêt de la vindicte publique : comme on ne connaît pas encore le caractère de la faillite, la loi est craintive et soupçonneuse, elle appréhende une banqueroute.

Dans l'intérêt de la faillite : la présence du failli est nécessaire à un grand nombre d'opérations.

Dans l'intérêt des créanciers : la faillite centralise les actions de tous les créanciers qui sont par cela même privés de la contrainte par corps contre leur débiteur.

C'est le jugement déclaratif de faillite qui prononce cette mesure. Deux moyens sont donnés au tribunal : ou bien il peut ordonner le dépôt du failli dans la maison d'arrêt pour dettes, et cette désignation prouve déjà que c'est dans l'intérêt des créanciers que cette arrestation s'opère, ou bien il peut ordonner la garde de la personne du failli, soit par un officier de police, soit par un officier de justice ou un gendarme. Cette dernière mesure est moins rigoureuse; elle laisse au failli sa liberté, à charge d'être gardé à vue. C'est au tribunal à choisir le moyen qui lui semble le plus efficace, d'après les circonstances de la faillite. Il appréciera la gravité de la faillite, les soupçons qui pèsent sur le failli, la confiance, l'intérêt qu'il semble mériter, les besoins de sa famille et de sa santé.

Une conséquence logique de cet état de choses est que les créanciers ne peuvent plus individuellement emprisonner le failli, autrement la première mesure serait inutile et augmenterait les frais.

Aussi l'art. 455 nous dit : Il ne pourra, en cet état, être reçu contre le failli d'écrou ou recommandation pour aucune espèce de dettes.

L'ancien art. 455 était plus incomplet; il portait qu'il ne pourra être reçu contre le failli d'écrou ou recommandation en vertu d'aucun jugement du tribunal de commerce.

De là résultait que les créanciers pouvaient incarcérer le failli individuellement, en vertu de jugements des tribunaux civils.

La loi nouvelle est plus conséquente; elle ne distingue plus entre la nature des dettes. La nouvelle disposition s'applique donc à toutes espèces de dettes, aux dettes civiles comme aux dettes commerciales.

Voyons maintenant les dispositions légales établies en vue d'assurer l'exécution de ces mesures.

C'est à la diligence du ministère public et des syndics que ces dispositions sont exécutées.

La loi appelle le ministère public pour plusieurs raisons. D'abord,
il vaut mieux attribuer à plusieurs personnes le droit de poursuivre l'exécution de mesures dont l'urgence est de nécessité ; de plus, le ministère
public a intérêt à savoir dès les premiers moments d'une faillite, si les
caractères qu'elle présente sont de nature à faire soupçonner une
banqueroute simple ou frauduleuse.

Quant aux syndics, leur ministère est ici souverainement juste : Re-
présentants de la masse, c'est-à-dire des créanciers, ils ont un droit lé-
gitime à faire incarcérer le failli.

L'art. 459 ajoute que le greffier du tribunal de commerce adressera,
dans les vingt-quatre heures, au procureur du roi du ressort, extrait
des jugements déclaratifs de faillite, mentionnant les principales indi-
cations et dispositions qu'ils contiennent.

Cette disposition est toute nouvelle ; elle constitue une véritable amé-
lioration. Il faut avertir le ministère public : En effet, il n'existe point
de ministère public près des tribunaux de commerce.

Il faut l'avertir dans les vingt-quatre heures, disposition qui prouve
combien le législateur attache d'importance aux mesures qu'il a prescrit de prendre.

Nous venons de voir la règle générale, qui est pour l'incarcération du
failli, ou la garde de sa personne.

Une notable exception est apportée à ce principe par l'art. 456 du
Code de commerce. Lorsque le failli se sera conformé aux art. 438 et
439, et ne sera point, au moment de la déclaration, incarcéré pour
dettes ou pour autre cause, le tribunal pourra l'affranchir du dépôt ou
de la garde de sa personne.

C'est là une humanité qui n'est ni juste ni rationnelle ; car la faillite
ne doit jamais tendre à améliorer le sort du failli. Le législateur l'a
senti lui-même, aussi a-t-il circonscrit dans certaines limites la faveur
qu'il accorde au failli.

Deux conditions, l'une positive, l'autre négative, sont exigées par la loi.

1° Il faut que le failli se soit conformé aux art. 438 et 439 du Code de commerce, c'est-à-dire qu'il ait déclaré lui-même sa faillite, qu'il ait déposé son bilan ou au moins indiqué les motifs qui l'empêchaient de le déposer;

2° Le failli ne doit pas être incarcéré pour une cause quelconque.

En effet, s'il se trouvait déjà incarcéré en vertu d'un mandat de dépôt ou d'arrêt, l'action publique ne devrait pas être paralysée; s'il était incarcéré pour dettes, les créanciers auraient un droit acquis que la loi serait obligé de respecter. Lors même que ces deux conditions se trouvaient réunies, le tribunal pourrait ne pas accorder la liberté au failli; il jouit, sous ce rapport, d'un pouvoir discrétionnaire.

Enfin, le dernier aliéna de notre article porte : La disposition du jugement qui affranchirait le failli du dépôt ou de la garde de sa personne pourra toujours, suivant les circonstances, être ultérieurement rapportée par le tribunal de commerce, même d'office.

Il était sage et rationnel de permettre au tribunal de revenir sur sa première décision, soit d'office, soit sur la réquisition des parties intéressées; autrement il n'aurait jamais donné la liberté au failli.

TROISIÈME PARTIE.

DISPOSITIONS GÉNÉRALES.

L'art 461 porte: Lorsque les deniers appartenant à la faillite ne poürront suffire immédiatement aux frais du jugement de déclaration de la faillite, d'affiche et d'insertion de ce jugement dans les journaux, d'apposition des scellés, d'arrestation et d'incarcération du failli, l'avance de ces frais sera faite, sur ordonnance du juge-commissaire, par le trésor public, qui en sera remboursé par privilége sur les premiers recouvrements, sans préjudice du privilége du propriétaire. Cette disposition est un progrès réel de la loi de 1838 sur l'ancienne loi qui ne contenait rien de pareil.

Elle est générale et se rapporte donc à toutes les mesures prescrites par la loi depuis le moment de la faillite jusqu'au moment où le failli est incarcéré et où ses biens sont mis sous les scellés. Pour éviter des abus, la loi exige que ce soit sur ordonnance du juge-commissaire, dont la mission est de surveiller et d'accélérer la faillite, que ces avances soient faites par le trésor public qui devient ainsi créancier de la masse.

Ces avances, faites à titre de prêt, constituent des frais de justice, et comme tels se trouvent privilégiées par l'art. 2101 du Code Napoléon et par l'art. 561 du Code de commerce. Si les premiers recouvrements sont insuffisants pour désintéresser le trésor, la perte sera pour le trésor public.

Ce privilége est au premier rang, seulement, la loi a cru devoir le faire primer par celui du propriétaire locateur [1].

Quelle que soit la généralité de ces dispositions, on ne peut pas les étendre aux frais des dernières formalités de la faillite, d'ailleurs la chose eût été inutile : De deux choses l'une, ou le tribunal prononcera la clôture des opérations de la faillite, ou il ne la prononcera pas.

S'il la prononce, tout est fini ; les opérations cessent et il n'est plus besoin d'argent ; si la clôture n'est pas prononcée, on procédera à la liquidation qui, fournissant des deniers, rendra ainsi inutiles les avances du trésor public.

[1] Par ces mots : « sans préjudice du privilége du propriétaire, » M. Rogron entend le privilége de celui qui a un droit de propriété. Cette opinion n'est pas admissible, on ne peut pas avoir de privilége sur sa propre chose.

Strasbourg, le 5 août 1856.

Vu pour l'impression,

Le président de la thèse, ESCHBACH.

Vu

Le doyen C. AUBRY.

Strasbourg, le 6 août 1856.

Permis d'imprimer,

Le Recteur, DELCASSO.

www.ingramcontent.com/pod-product-compliance
Lightning Source LLC
Chambersburg PA
CBHW071255200326
41521CB00009B/1778